JN191619

犀の角のようにただ独り歩め

――「スッタニパータ」

志士から英霊へ

晶文社

装丁　佐藤直樹＋菊地昌隆（アジール）
イラストレーション　菊地昌隆

志士から英霊へ　目次

1　二人のジェダイ

――西郷隆盛と吉田松陰

西郷隆盛と足利尊氏

——大河ドラマ「西郷どん」雑感

二〇一八年のNHK大河ドラマは林真理子原作・中園ミホ脚本の「西郷《せご》どん」、主人公は西郷隆盛（一八二七【1】～一八七七）。彼の生涯を「愛に溢れたリーダー」（NHKの制作キャッチフレーズ）として描いている。大河のオールドファン向けのサービスとして、一九九〇年「翔《と》ぶが如く」の西郷役だった西田敏行がナレーターをつとめ、その相棒大久保利通（一八三〇～一八七八）役だった鹿賀丈史が島津斉興《なりおき》（一七九一～一八五九）として出演している。

大河ドラマは戦国時代とならんで幕末維新を扱うものが多く、何度も繰り返されている。第一回の「花の生涯」（一九六三年）に始まり、「竜馬がゆく」（一九六八年）、「勝海舟」（一九七四年）、「花神」（一九七七年）、「獅子の時代」（一九八〇年）、「翔ぶが如く」（一九九〇年）、「徳川慶喜」（一九九八年）、「新選組！」（二〇〇四年）、「篤姫《あつひめ》」（二〇〇八年）、「龍馬伝」（二〇一〇年）、「八重の桜」（二〇一三年）、「花燃ゆ」（二〇一五年）、そして「西郷どん」。特に最近は二～三年に一度が幕末維新もので

キヨッソーネが描いた西郷隆盛とされる肖像、西郷南洲顕彰館蔵

ある。

放映年次が近いので、同じ俳優が複数のドラマに出演している。なかでもネプチューンの原田泰造は三作品、「篤姫」の大久保利通、「龍馬伝」の近藤勇（一八三四〜一八六八）、「花燃ゆ」の杉民治《みんじ》（一八二八〜一九一〇、吉田松陰の兄）をつとめた。時には沈着冷静な倒幕派の策士、時には熱血漢の治安維持部隊長、時に過激思想を持つ弟を気づかう優しい兄と、怪人二十面相も顔負けの仕事ぶりだった。

「西郷どん」では、同じく薩摩藩が舞台となった「篤姫」（二〇〇八年）との重複がめだつ。「篤姫」で薩摩藩重臣小松帯《たて》刀《わき》（一八三五〜一八七〇）役だった瑛太が「西郷どん」では大久保の役、その義父小松清猷《きよもと》（一八二七〜一八五五）を演じていた沢村一樹が西郷たちの師の赤山靭負《ゆきえ》（一八二三〜一八五〇）、篤姫の仕付け係の役だった松坂慶子が西郷の母になり、そして十四代将軍徳川家茂《いえもち》（一八四六〜一八六六）だった松田翔太が十五代慶喜《よしのぶ》（一八三七〜一九一三）を演じている。そのため、観ていていささか頭が混乱した。

閑話休題。

西郷の生涯が語られる際の主要事項として、ドラマでは次の諸事を描くのが定番だろう。第一に島津斉彬《なりあきら》（一八〇九〜一八五八）の腹心として徳川慶喜を将軍後継者に擁立しようとする運動（一橋派）で活躍、そのため安政の大獄で追咎《ついきゅう》対象となり奄美大島に逃れた。第二に、一八六四年に島津久光《ひさみつ》（一八一七〜一八八七）に召喚されて京都で朝廷工作に奔走、禁門の変を経て長州征伐にいたるまで長州藩の敵方として活躍した。第三に、一八六六年のいわゆる薩長同盟締結に尽力、以後戊辰戦争に至るまでの倒幕運動で中心的役割を果たした。なかでも勝海舟（一八二三〜一八九九）との江戸開城談判が特記される。そして、第四に、新政府内で外交問題をめぐる政争に敗れて鹿児島に戻り、ついに一八七七年に政府に対する反乱（事件当時の呼称で西南役《せいなんのえき》）を起こして死ぬことになる。

五十年の生涯でこれだけの有為転変を経験したこと、その人柄を伝える逸話が多く伝えられることが、幕末維新期を描いたフィクション作品の主要人物になる理由であろう。

だが、それにしては、西郷とは不思議な人物である。このように一般になじみが深く、日本史上で十指に入る著名人でありながら、その本来の名前も顔も違うものが流布しているのだ。

東京上野公園の西郷隆盛像（写真提供・共同通信社）

西郷の本来の諱《いみな》（中国由来の概念で、今でいえば戸籍に登録される本名）は隆永だった。しかし、江戸時代の武士が普通そうであったように、日常生活では諱ではなく通称が使われていた。大石内蔵助（諱は良雄）や大塩平八郎（諱ははじめ正高、のちに後素）と同じように、西郷は「吉之助」として知られていた。そのため友人たちの間でも吉之助で通っており、諱は知られていなかった。一八六九年に彼の功労を讃える位記を天皇の名で渡すにあたり、本人が不在だったため、友人の記憶に頼って「隆盛」と記入してしまったが、実は隆盛は彼の父親（通称、吉兵衛）の諱だった。天皇が降した文書を訂正するのは畏れ多いと、以後彼は隆盛を名乗るようになったという。

また、有名な彼の肖像は、弟の従道《つぐみち》（一八四三〜一九〇二、通称は信吾）といとこの大山巌《いわお》（一八四二〜一九一六、通称は弥助）の顔を適当に混ぜ合わせたといわれる。さらにはその顔をもとに有名な上野の銅像が建立されたが、その除幕式に臨席した糸夫人（一八四三〜一九二二）が「こげんお人じゃなかよ」と言った話は有名で、「西郷どん」の冒頭シーンにもなった。その解釈として有力な説が「顔つきが違う」で、それはもともと肖像画がこの語の意味（「像《かおつき》に肖《に》せた画《え》」）を遠く離れて（親戚とはいえ）他人をモデルにしていたことを実証している。ただ、夫人の発言については、「服装が違う」という意味だとする説もある。たしかに着流しでメスの狩猟犬を連れた姿は、政府高官としての立派な服装を期待していた夫人にはショックだったかもしれない。

もうひとつ、西郷についての不思議を付け加えれば、彼が政府に対する軍事反乱の首魁だったにもかかわらず、当のその政府からすぐに名誉回復されたばかりか、その後は政府樹立の功労者として讃えられつづけてきたことがあげられよう。

西郷は一八七七年に賊軍の長として自害して果てたため、現在にいたるまで靖国神社の本殿では祀られていない。にもかかわらず、一方で一八八九年には大日本帝国憲法発布にともなう恩赦で名誉回復された。これにさきだち、岩村吉太郎編『皇国三傑伝』(一八七八年)ですでに大久保利通・木戸孝允《たかよし》(一八三三~一八七七)と並び称されている。まだこの段階では、公式には新政府への裏切り者だったはずなのに。

天皇のもと、軍事力によって幕府を倒し、新政府を樹立した功臣でありながら、その後その天皇に逆らったという、同じような経歴をたどった歴史上の有名人として足利尊氏(はじめの名は高氏、一三〇五~一三五八)がいる。

高氏は鎌倉幕府の御家人だったが、後醍醐天皇(一二八八~一三三九)の呼びかけに応じて京都を攻略し、建武中興の功労者となる。これを賞して、後醍醐天皇(諱は尊治《たかはる》)は彼に自分の名の一文字を与えて「尊氏」と改名させた。しかし、新政府の政策に対して武士たちの反感が高まると彼らの代弁者となり、地元(尊氏の場合は鎌倉)に戻って挙兵する。やがて後醍醐方を吉野(奈良県南部)に追いやって京都に室町幕府を創設するが、今度は弟の足利直義《ただよし》(一三〇六~一三五二)と対立し、観応《かんのう》の擾乱《じょうらん》と呼ばれる軍事衝突を招く。

幕府を倒して天皇親政の世に戻す事業(「中興」や「維新」)のリーダー、天皇からもらった諱を大事にする感性、新政府に失望して反乱を起こした点などで、西郷隆盛と足利尊氏は共通している。晩年、弟とは敵対して戦う点（西南戦争と観応の擾乱）もそっくりだ。加えて、西郷と同じく尊氏にも肖像問題がある。

従来、足利尊氏を描いた絵として、鎧を身に付けて馬に跨がる像（ただし兜はかぶっていない）が、教科書の図版などにも使われて流布していた。ところが、近年の研究でこれは別人を描いたものであることが実証され、像主がまだ特定できないことから単に騎馬武者像と呼ばれている。西郷同様、尊氏もその本当の顔は不明なのだ。

このように、よく似ている二人だが、死後の処遇は正反対だった。

江戸時代に水戸学（儒学の一派）の影響で南朝正統論が強まると、後醍醐天皇に背いた尊氏は逆臣の典型として非難された。幕末の一八六三年には、尊王攘夷派によって京都の等持院に祀られていた尊氏の木像の首が引き抜かれ、賀茂川の河原に晒し首にされるという事件が起きている。維新後にはこれが政府公認の歴史認識となった。東京帝国大学で国史を講じていた平泉澄《きよし》（一八九五～一九八四）は、彼の名を尊氏ではなく高氏と書いて、彼が後醍醐天皇の厚意を裏切ったことに対する筆誅を加えたという。

しかし、実際には尊氏は終生この「尊」の字を用いた方の諱を使い続けたし、後醍醐天皇への敬愛の念も変らず深かったらしい。しかも、尊氏は後醍醐天皇には逆らったものの、天皇制自体に歯向かったわけではなく、光明天皇（一三二一～一三八〇）を擁立している。ただ、これも一九

騎馬武者像、京都国立博物館蔵

一〇年以降は光明天皇の系統（北朝）は正式の天皇とは認められず、後醍醐天皇の系統（南朝）のみが正統とされた。さっきの平泉らは、南北朝時代という呼称は北朝の存在を認めるものだとして、この時期をわざわざ「吉野朝時代」と呼んだ。この状況は一九四五年の敗戦まで続く。

長らく逆臣扱いだった尊氏を、ひとりの悩める英雄として主人公にしたのが、吉川英治《えいじ》（一八九二〜一九六二）最晩年の小説『私本太平記』（一九六二年に完成）だった。ただ、大河ドラマがこの小説をもとに彼を主人公に据えたのは、昭和の御代が終わり平成になってから、一九九一年の「太平記」（尊氏役は真田広之）である。そして、その後は南北朝時代を扱う大河ドラマは制作されていない。いまなおこの時代を扱うことが微妙に憚られるからなのだろうか。幕末維新ものが飽き飽きする程くりかえされてきたのとは好対照である。なお、吉川が小説を書いていた頃には騎馬武者像は尊氏の肖像画と信じられていたからだろう、『私本太平記』の終結部では、弟を毒殺してからの晩年に自ら先頭に立って戦場を駆け回ったさまを描いている。

しかし、ようやく時代は変わってきた。二〇一七年には観応の擾乱を扱った新書【2】がよく売れた。平成の御代が終わったところで、そろそろまた大河ドラマで足利尊氏が活躍する姿を観てみたい。

【1】西郷の誕生日は文政十年の十二月七日。この年は十一月十五日がグレゴリオ暦の一八二八年一月一日に相当するので、西郷が生

まれた日は西洋ではすでに一八二八年になっている（一月二十三日）。そのため、近年は彼の生年を一八二八年と表記する傾向にあるが、私は旧暦と西暦との年表示を一対一対応させる方針なので一八二七年生まれとしておく。以下、本書の登場人物たちの生没年表示にはこの範例を適用する。

【2】亀田俊和『観応の擾乱』（中公新書、二〇一七年）

西郷隆盛の敬天愛人

西郷と庄内藩

西郷隆盛の座右の銘として有名なのが「敬天愛人」である。これは『南洲翁遺訓』の第二十四条として載っている次の記述がもとになっている。

道は天地自然の物にして、人は之を行ふものなれば、天を敬するを目的とす。天は人も我も同一に愛し給ふゆゑ、我を愛する心を以て人を愛する也。

『南洲翁遺訓』は、一八八九年に西郷の名誉回復がなされたことを記念して、三矢藤太郎（生没年未詳）の編として東京の秀英社から一八九〇年に刊行された。三矢はもと庄内藩士であった。

出羽庄内藩は、藤沢周平の時代小説の舞台「海坂藩」のモデルとして知られている。幕末時点での石高は十六万石、東北地方に置かれた譜代大名の雄として戊辰戦争では東軍の奥羽越列藩同盟に加わり、薩摩藩の黒田清隆（一八四〇〜一九〇〇）率いる西軍（俗にいうところの官軍）に攻められて降伏した。その際、西郷が温情ある寛大な措置をとり、十二万石に減封されたうえで会津に移転するだけの処分ですんだ（実際には岩木平に変更）。旧藩主酒井忠篤（一八五三〜一九一五）は西郷に恩義を感じ、西南戦争での西郷の死後もその想いを旧藩士たちと共有していた。西郷の名誉回復を機に、その遺徳を讃えるべく編集・刊行し、旧藩士たちが全国各地に配布してまわったのが『南洲翁遺訓』だった。

山形県庄内地方ではその後も西郷顕彰の気風が続き、今でも一九七五年に設立された公益財団法人荘内南洲会が『南洲翁遺訓』を無料配布している。西郷を祀る南洲神社はすでに鹿児島県に設けられていたが、この財団も一九七六年に酒田市内に南洲神社を建立し、併設の南洲会館・南洲文庫を運営している（http://saigo.ganriki.net/index.html、二〇一八年二月閲覧）。同会の機関誌名は「敬天」である。西郷の思想を伝えるべく編まれた『南洲翁遺訓』のなかでも、敬天愛人がその象徴というわけだ。

ただし、西郷が敬天愛人という語を使いだしたのは晩年のことで、戊辰戦争当時にはまだそうしていない。つまり、彼が庄内藩に対して温情的な措置をとった理由は、この語を信条としていたからではないのである。

敬天愛人の由来

上記、庄内藩の故地にある団体の他にも、東京には「敬天愛人フォーラム21」があり、鹿児島県の企業・団体が後援して毎年西郷の生誕祭を挙行しているらしい。同会の会歌は「敬天愛人の教え」だという（https://www.keiten-aijin.com、二〇一八年二月閲覧）。

「敬天愛人」――この語は、畏れ多くも皇太子家の姫君（まもなく皇女になれらる方）の宮号とお名前を連想させる。敬宮《としのみや》愛子内親王殿下である。ネットではあたかもこの四文字熟語がその出典であり、さらにはこの語が西郷の発明であるかのごとき書き方をしているブログが見受けられる（批判対象なので出所アドレスは記さない）。

実際にこのお名前を選ばれた皇太子殿下夫妻のお考え（形式上の名づけ親は天皇陛下）は私にはわからないが、宮内庁を通じて発表された公式見解はこれとは違う。出典は儒教の古典『孟子』離《り》婁《ろう》章句下にある。原文ではなく、書き下し文を掲げる。

仁者は人を愛し、礼ある者は人を敬ふ。人を愛する者は人恒《つね》に之を愛し、人を敬ふ者は人恒に之を敬ふ。

仁と礼という、孔子以来の儒家の根本思想について、他者との関係性・相互性を説いた孟子の発言の一節だ。平易な文章なので現代語訳は不要だろう。別にこれが孟子の発言でなくても、あるいは儒教の信奉者でなくても、万人が納得する普遍的な教えではなかろうか。ここで言われているのは「愛人」と「敬人」である。儒教で尊重する天はここには登場しない。

では、敬天愛人という表現の由来は何か。これまたネットでは「まず間違いなく、聖書由来の言葉でしょう。西郷が生きていた時代はもちろんキリスト教が禁じられていたわけですが、西郷は中国語に訳された漢訳聖書に目を通したことがあったようです。昔の日本人は漢籍の心得がありますから、中国語がすらすらと読めたんです」という回答がベストアンサーに選ばれたりしている（上と同じく批判なので出典を伏せる）。いかにも自信ありげな回答だが、自分の憶測を並べただけの、まったく事実無根で荒唐無稽な答案だ。ネットで出回って信じ込まれている情報がいかにいい加減であるかのよい見本といえよう。

キリスト教との関係は、たしかにあった。それより二百年前、中国清朝の康熙帝（一六五四～一七二二）による揮毫である。北京のキリスト教の教会（南堂）を訪れた際に彼が与えた扁額（建物正面に掲げられる額で、建物の名称や標語が書かれる）の文言が「敬天」だった。

中村正直「敬天愛人説」

日本でこの語を広めたのは、西郷ではなく、中村正直（一八三二～一八九一）だった。中村は幕末の昌平坂学問所の教授で、幕府派遣英国留学生を引率してロンドンで二年間すごした。その間に戊辰戦争があって幕府は倒壊する。帰国後しばらくは静岡で暮らした。静岡には徳川宗家の当主家達《いえさと》（一八六三～一九四〇）が藩主として移住しており、幕臣だった彼はここでその学校に奉職したのである。徳川家が運営する静岡学問所は、江戸にあった昌平坂学問所の後継施設だった（その頃、東京では維新政府が「大学」という学校を作って昌平坂学問所の後継施設と称していた）。この頃、英語力を活かしてスマイルズ『西国立志編』(Samuel Smiles, *Self Help*) やミル『自由之理』(J.S.Mill, *On Liberty*) を翻訳、いずれも明治初期のベストセラーとなる。

やがて東京に転居して同人社という私塾を開き、明六社に加入した。そのため福沢諭吉（一八三四～一九〇一）らとともに啓蒙思想家とみなされている。明治政府のためにイギリスで書かれた法学書（もちろん英語）の訳業にも携わっている。邦題は『英国立法要訣』第一篇、「ゼー・ドブリウ著」ということだが、この原著者については未詳である。やがて設立間もない東京大学の教授となり、漢学を講じた。教育勅語の起草を依頼されたものの、井上毅《こわし》（一八四三～一八九五）がその内容が儒教的で偏向しており適切ではないと批判したためお蔵入りとなり、代わりに井上の草稿をもとにした勅語が発布された。

その中村が帰国直後、一八六八年に著したのが「敬天愛人説」だった。今では筑摩書房の明治文学全集3『明治啓蒙思想集』（一九六七年）に収録されており、比較的容易に読むことができる。

文章は二部構成で、第一部は中国古典からの引用（ただし、ひとつだけ貝原益軒［一六三〇～一七一四］のものあり）、第二部は彼自身の文章（漢文）である。そのそれぞれが前半の敬天についての部分と後半の愛人についての部分とに截然と分かれている。これは彼以前に「敬天愛人」が四字熟語として用いられていないことの例証だろう。

第一部の前半は『尚書』から始まるものの、それらに「敬天」という熟語は見えない。この語が見えるのは薛《せつ》文清（諱は瑄《せん》、一三八九～一四六四）の『読書録』の引用文中である（ただし、実際にはこれより古い用例は多い。中村が引用していないだけ）。一方、愛人の方は最初に挙がる『論語』顔淵篇の孔子の語に早くも見える。そして、こちらにも薛瑄が登場し、郷人と交際するには「敬して愛すべし」とする。ここではじめて敬と愛がつながる。

第二部でも敬天と愛人は別々に論じられるが、後半、愛人についての説明冒頭で「天を敬う、ゆえに人を愛す」と接続させている。愛人の意味の説明で、彼は「民人」の「相愛」だとする。そして、文章全体のまとめでは、天と人とを並べて以下のように述べる（原漢文）。

天は人より尊《たっと》きなり。故に敬　主と為《な》りて、愛は其《そ》の中に在り。
人は我と同等なり。故に愛　主と為りて、敬は其の中に在り。

つまり、敬天愛人とはいうものの、敬・愛は天・人いずれにもかかるというのだ。これはそれまでの用例には無かった中村の創意の面が強い。このことはあとで述べる。

中村が明治期に使っていた号は敬宇だった。「宇」は空間全体を意味する語、まさに「宇宙」だったから、儒教的には敬天の同義語といってもかまわない。儒教では天は必ずしも意志をもつ神格ではなく、宇宙の理法そのものを意味する語（「天理」など）だった。中村は幼少時から朱子学を学び、前述したとおり長じて昌平坂学問所で朱子学を講じていたのだから、天＝宇という考え方をしていたはずである。維新という名の簒奪、徳川家から皇室への王朝交代の革命が生じたなかで、あらためて天を敬うことの意義を考察し、人々にそれを示そうとしたのがこの著述ということになる。

中村は静岡で同僚だったアメリカ人牧師の感化をうけてキリスト教に親しみを覚え、一八七四年のクリスマスにカナダ人のメソジスト教会牧師から洗礼を受けている。したがって、康熙帝の扁額がそうだったように、彼が「敬天愛人説」でいう「天」が天主（キリスト教の教義で天地を創造した唯一絶対の神）を指している可能性はある。ただ、彼はそうは明言していないし、入信も「敬天愛人説」執筆よりあとである。また、文章前半の引用はすべて儒教系文献からだし、後半でも儒教的な論説が綴られていく。とはいえ、一見相対立する儒教とキリスト教とは同一人物の同じ時期に共存可能であり、かえってむしろ儒教信奉者の方が（仏教信者や神道主義者よりも）クリスチャンになりやすい傾向があった（拙著『近代日本の陽明学』参照）。

つまり、中村の文章だけからキリスト教的な思想を読み出すことはできない。したがって、西郷がキリスト教に共鳴してこの語を座右の銘にしたとは到底考えられない。彼が中村の本でこの語に触れた際に感じたのは、長年親しんできた儒教教義だった。

愛の字義

ところで、敬天愛人とよく似た表現として敬天愛民がある。人と民とは類義語で、しばしば置換可能だった。たとえば、唐の皇帝として有名な太宗（五九八～六四九）は諱を世民《せいみん》といったが、皇帝の諱の字は畏れ多いので使わないという規則（避諱という）によって、「民」字は使用禁止となり、多くが「人」で代用された。そもそもこのように避けるからこそ、やまとことばで「いみな（忌み名）」と称するのである。

それはさておき、敬天愛民という表現の古い事例としては、十四世紀後半に編まれた『元史』釈老伝に見える、道教の道士として有名な丘処機《きゅうしょき》（一一四八～一二二七）が一二二二年、あのジンギスカンと面会して政治の要諦を説いたくだりで、その内容を「敬天愛民」とまとめている。これはネットの中国語事典「百度百科」にも載っている項目なので、誰でも簡単に検索できる(https://baike.baidu.com/item/敬天爱民)。道士ではあるが、この建白内容は儒教官僚のものとなんら変らない。
もっと遡れば、十世紀の封翹《ほうぎょう》による「敬天愛民疏」という文章が遺っている（『冊府元亀』巻四七五、『全唐文』では巻八四七）。この人は翰林学士という、今でいえば内閣秘書官にあたる役職を勤めた高級官僚で、この文章は時の皇帝に対する上奏文だった。文章本文には敬天愛民という語は使われていないし、題名も『冊府元亀』でなく『全唐文』のものだけれども、内容はまさしくこれである。当時は五代十国と呼ばれる戦国乱世で、彼自身、仕える王朝が何度も代わっている。彼が要請しているのは儒教の政治思想の定番であって特に新味があるわけではない。すなわち、神々への祭祀をきちんと行い、刑罰を緩くし、功労者に報い、農民の労役負担を軽くし、鳥が巣をかける時節の捕獲を禁じることである。これが「天をうやまい、民をいつくしむ」ことだった。

中国古典での「愛」は「いつくしむ」の意味、仁愛の愛である。恋愛の愛ではない。中村正直「敬天愛人説」に引用されていた『論語』の一節についても、朱子学を生んだ朱熹（一一三〇〜一二〇〇）は『論語集注《しっちゅう》』で「仁の施《はたらき》」と解しており、仁の実践例が人を愛することだとしていた。『論語集注』は中村も西郷も教科書として学んだ本である。儒教における「愛」は為政者が人民大衆に、年長者が年少者に対していだく感情を指すのがふつうであり、よって「愛民」と「愛人」とが相通じるのである。

前に紹介した『孟子』の用例も、この意味で解するのが正しい。少なくとも、後世の儒教のなかではそう解釈されてきた。「仁者愛人、礼者敬人」の「人をいつくしむ（愛人）」は目下に対する、「人をうやまう（敬人）」は目上に対する態度であり、それゆえ愛人は仁、敬人は礼に結び付けて説かれたのである。中村正直が「敬天愛人」と書いたときの含意も「上は天をうやまい、下は民をいつくしむ」であったろう。

儒教倫理

『南洲翁遺訓』の第九条はこんな文言である。

忠孝仁愛教化の道は政事の大本にして、万世に亘《わた》り宇宙に彌《わた》り易《か》ふ可《べ》からざるの要道也。道は天地自然の物なれば、西洋と雖も決して別無し。

「忠孝仁愛教化の道」とは、まさしく儒教の眼目である。「仁愛」はかの『孟子』の一節にもあったように、上の立場にある者がとるべき心がけ・態度だった。それに対して「忠孝」は下の立場にある者が主《あるじ》や親に対して実践すべき倫理である。そして、そうなるように「教化」するのが為政者の使命だった。

これは「万世」すなわち時間的に恒久性をもち、「宇宙」すなわち空間的に普遍性をもつ。道は人為的な決めごとではなく、自然界におのずからあるものであるから、西洋であっても同じ内容のはずだ。西郷はこのようにして道の目的たる敬天愛人を不変かつ普遍にする。この発想は、次の文章と相通ずるものがあるのではなかろうか。

斯《こ》ノ道ハ…（中略）…之《これ》ヲ古今ニ通シテ謬《あやま》ラス、之ヲ中外ニ施シテ悖《もと》ラス

教育勅語の文言である。道といわれている内容は、勅語でこの前の段落全体を受けているのだが、なかでも眼目となるのは「克《よ》ク忠ニ克ク孝ニ」とされる儒教倫理だった。「克」は「能」とここでは同義で、「そうあることができる」の意である。忠孝こそが国民道徳の根幹をなすというのが、古今・中外を問わずどんな社会にも当てはまるものであるという前提に立っているわけだ。井上毅が中村原案を拒絶し、あらためて中立的な価値観に立って外国にも適用できると考えて書き直した自信作にして、このような考え方にもとづいていたのである。

私のような者には儒教倫理に限定して見えるものが、彼らにとっては世界に通用する普遍的真理だった。だが、だからこそ、明治維新で生まれた政権は自分たちの理想を素朴に信じられたのかもしれない。それは、司馬遼太郎の表現を借りれば「坂の上の雲」だったのだろう。そのひとりである西郷隆盛が、中村正直の文章で知った敬天愛人という語を晩年の座右の銘としたのも、そのためだったと思われる。

大河ドラマ「花燃ゆ」と吉田松陰

妹対決！

来年（二〇一五年）のＮＨＫ大河ドラマのタイトルは「花燃ゆ」、吉田松陰の妹で、久坂玄瑞《くさかげんずい》の妻となった文《ふみ》が主人公だそうである。

どこか既視感があるのも致しかたない。二〇一三年の大河ドラマ「八重の桜」は、会津藩士山本覚馬の妹にして、二度目の結婚で新島襄の妻となった八重を主人公としていた。このドラマは会津藩の立場から幕末を描き、巷間に流布する薩長中心のものとは違う歴史像を示してくれた。長州藩はあざとく政略的な存在として描かれた。それからわずか二年、今度は長州側から見た幕末維新像が語られることになるのだろう。

この二作とも、表舞台に立った男たちでなく、妹として妻として、彼らを支えていた女性を主人公に据えるあたり、「男女共同参画社会」を推進する平成の御代の政府方針に忠実で、さすがNHKである。ただ、山本八重が、戊辰戦争ではみずから鉄砲を放って西軍兵士を倒し、夫の死後は同志社の発展に尽くし、また篤志看護婦としても活躍した女傑だったのに対して、杉文のほうは、久坂玄瑞が禁門の変で戦死してからしばらく孤閨を守ったのち、姉の夫であった楫取素彦《かとりもとひこ》と再婚して夫を支えたくらいで、青史に遺る偉業を成しとげた人物とは言いがたい。

吉田松陰の生涯

したがって、文の兄吉田松陰が、大河ドラマ前半の実質的な主人公となることが予想される。

では、松陰とはいかなる人物だったのであろうか？

吉田松陰は幕末のテロリストである。

松陰こと杉虎之助は、天保元年（一八三〇）、長州藩士杉百合之助の次男として萩に生まれた。幼くして親戚筋の吉田家へ養子に出され、吉田大次郎として山鹿流兵法師範となる。本名は矩方《のりかた》。号をいくつか用いたが、そのひとつ松陰によって知られている。なお、吉田家の本姓は藤原なので、彼の姓名は公式には「藤原矩方」である。

二十一歳のとき九州に遊学。翌年、今度は江戸に赴き、さらにその翌年、会津・秋田・仙台等を経巡っている。ちなみに、この時に旧知の山本覚馬の家を訪ねて妹の八重とも会ったというのは、「八重の桜」のなかの、よくできたフィクションである。

この旅は藩の正式な許可を得ていなかったため、萩に送還のうえ士分を剝奪される。吉田家は家禄を召し上げられたのだから、家名に傷を付けたとんでもない養子ということになる。ただ、藩主毛利敬親は彼の将来を嘱望していたらしく、実家杉家にお預けとしながらその年には諸国遊学を許している。

嘉永六年（一八五三）、通称を寅次郎と改めてふたたび江戸へ。そして、六月三日を迎える。「浦賀沖に黒船四隻現る」の報は、すぐに松陰も知るところとなり、早速その見物に出向いている。九月には、停泊中のロシア船に乗り込んで密航しようと長崎に赴くも機を逸し、翌年、再来したペリー艦隊の船に伊豆下田で乗り込み、アメリカ行きを頼んだが拒絶される。そのことをわざわざ自首して語って捕縛され、長州で獄に繫がれる。

彼が人騒がせなのは、この一件で師の佐久間象山に累を及ぼしていることだ。象山はこのあと長く信州松代に幽閉され、国家の大事に参与できなかった。養子先の吉田家を潰したばかりか、松陰は師匠にまで迷惑をかける莫迦な男なのである。象山はのちに赦されて京に赴き、攘夷派テロリストによって路上で殺害される。象山の如き学識ある人物を充分活用できなかったのは、幕末日本の不幸であった。

さて、ここからが松陰の短い人生で最も華やかな、野山獄、実家の幽室、および松下村塾で後進を指導した時期である。二〇一五年の大河ドラマで、ぜひぜひ美化された松陰像を堪能していただきたい。

いわゆる安政の大獄のさなか、松陰はふたたび野山獄に入牢し、やがて江戸に連行される。その取り調べにおいて、問われてもいない老中間部詮勝《まなべあきかつ》暗殺計画を自白、ついに斬首刑に処された。安政六年（一八五九）十月二十七日のことである。享年三十。

桜田門外にて十八名のテロリストたちが大老井伊直弼を襲ったのは、それからわずか四ヶ月あまり後のことであった。

松陰が遺したもの

最後に、吉田松陰という人物の歴史的意義について述べておこう。

彼は明治時代になってから陽明学者に分類されるようになる。野山獄と実家の幽閉で『講孟余話』（孟子の思想の解説）を著し、中国の思想家李卓吾《りたくご》に心酔したことは、たしかに彼の陽明学者ぶりを窺わせる。ちなみに、李卓吾という人物は、体制側に危険人物と目されて獄中にあった折に自刃して果てている。

ただ、松陰は陽明学を学んだことによって尊王攘夷の志士になったわけではない。彼の気質がそうであったから陽明学に惹かれただけである。この点については拙著『近代日本の陽明学』に書いた。

松陰が死後遺した最も貴重なものは、弟子たちだった。松下村塾で彼の謦咳《けいがい》に接した長州藩士たちは、師の遺志を継いで体制転覆を志し、松陰がめざした「草莽崛起《そうもうくっき》」を実践した。だが、松陰が大きな期待を寄せていた久坂玄瑞や高杉晋作は、維新の成就を見ることはできなかった。生き残った伊藤博文や山県有朋が、明治政府の中枢で活躍することになる。

明治十五年（一八八二）、東京郊外の世田谷に松陰神社が創建される。祭神はもちろん、吉田松陰。同四十年（一九〇七）には、伊藤博文らの計らいで、萩にも松陰神社が設けられた。松陰はついに神になったのである。安政の大獄の犠牲者として、彼は国事殉難者に認定され、東京九段の靖国神社に祀られる「英霊」の一人でもある。

松陰の伝記は、古くは徳富蘇峰（新島襄の弟子）によるものをはじめ幾つもあるが、そのうち昭和十一年（一九三六）に刊行された玖村敏雄《くむらとしお》のものが文春学藝ライブラリーにて復刊されている。

吉田松陰と陽明学

——安倍首相は（二〇一五年）二月の施政方針演説で、吉田松陰の「知と行は二つにして一つ」を引用し、「この国会に求められていることは、単なる批判の応酬ではありません。『行動』です」と述べました。

「松陰の称揚は明治時代に遡ります。維新という『革命』を正当化するために明治政府は『行動を起こしたことは正しい』と刷り込みを行った。行動の人として西郷隆盛、木戸孝允、大久保利通を維新三傑として顕彰し、後から松陰と坂本龍馬が加えられたのです。『考えるだけではだめ、行動こそ重要』という考えが広まりました」

——松陰たちの「行動」が明治政府をつくったというわけですね。

「ただ、そこには矛盾があります。行動によって体制の打倒に成功すると、今度は自分たちの新しい体制を守るために『行動の人』を敵と見なさざるをえなくなる。ひとたび行動が反体制に向かえば、容易にテロリズムにつながるからです」

――松陰は幕府の老中、間部詮勝を暗殺しようとして死刑となりました。弟子の高杉晋作や久坂玄瑞は英国公使館を焼き打ちしました。

「そう、松陰は、自分の愛弟子の伊藤博文をハルビンで暗殺した朝鮮人の安重根と同じ立場の人だったんです。明治政府は、いわばテロリストを顕彰したことになる」

――明治政府が行動を重視し、松陰を顕彰したなら、それが第二次大戦後まで受け継がれたのはなぜでしょう。

「戦後、松陰の評価が巧みに書き換えられたからです。松陰の行動の根幹は尊王思想です。天皇にふたたび政治の実権をとってもらうことが大事で、『日本の夜明け』は二次的なものでしかなかった。戦後は尊王思想の部分が隠されて、『行動』だけがクローズアップされました」

――安倍首相が引用した「知行合一」は、儒教の陽明学の思想ですね。

「松陰が陽明学者だと見なされるようになったのも明治以降です。そもそも江戸時代、陽明学はほとんど力を持ちませんでした。陽明学を有名にしたのは、幕府への反乱を起こした大塩平八郎で、彼のせいで、むしろ危険思想とみなされていたのです。陽明学の『知行合一』が重んじられるのは明治維新のあとのことです」

――なぜ日本人はそこまで行動を重視したのですか。

「行動の重視は日本人だけの特性ではありません。ただ、日本における思想の根付き方として、体系的な理論よりも、何をすべきなのかわかりやすいものを求めがちです。陽明学もそうしたかたちで受け入れられた。理想を実現するために、地道な言論によって人々を感化するのではなく、直接行動してしまおうという考え方が強くありました」

——その理想とは何だったのでしょうか。

「一言でいえば『日本国の存続』です。天皇を中心とした挙国一致体制をつくり、西欧勢力の進出に対抗する。日本を世界の一等国にするという目標のために、『日本のすばらしさ』が強調されました。それが昭和二十年の決定的敗戦でも終わらなかったところに、今に続く問題があると思います」

「バブル崩壊後、ジャパン・アズ・ナンバーワンとおだてられていた時期に戻りたいと多くの国民が思った。しかし現実には、中国に経済力で追い越されました。その状況に耐えられず、『日本のすばらしさ』を顕彰しようというムードが再燃したのでしょう。『すばらしさ』の象徴として松陰が称揚され、ことあるごとに松陰を引き合いに出す安倍首相が支持される」

——松陰的なリーダーを求める空気があると。

「近代の日本にも、大久保利通や伊藤博文など、松陰的ではないリーダーはいました。ただ、彼らも表面上は松陰的に振る舞わないと支持を得られない。本来、政治はだまし合いの世界であるはずなのに、策を弄する政治家は嫌われ、誠心誠意の人をリーダーにしようとする。危ういことだと思いますね」

——『行動』の理由が善意や正義でなくてはいけないと、多くの人が考えているんですね？

「中国に対する侵略戦争にしても、当事者たちは欧米列強や蔣介石政府からの解放、あるいは赤化の防御と主張したわけです。善意でやっていることが恐ろしい。自分が正しいと思うことを他者もそう思うとは限らないという認識が欠けていた。海外の思想を、細かい論理のあやをすっ飛ばして受容してきたツケかもしれません」

——安倍政権が唱える「テロとの戦い」も、正義と善意が前面に出ています。

「松陰的な思考だと、自分の善意が相手に通じないとき、相手を攻撃するだけになる。『他者』の存在を認め、その『痛み』を理解すれば、テロリストたちがなぜ残虐なことをするのかも想像することができる。決して共感する必要はないのですが、彼らには彼らの正義があり、松陰の『やむにやまれぬ大和魂《やまとだましい》』ならぬ『やむにやまれぬなんとか魂』で行動しているのかもしれない。それを最初から全否定すれば、つぶすかつぶされるかしかない」

——彼らの中にも「吉田松陰」がいて「松下村塾」があるのかもしれないというわけですか？

「そうです。それを理解する想像力が大切です」

明治から昭和へ、松陰像の変遷

ここでは吉田松陰をあつかった本をいくつか選び、独断と偏見にもとづく紹介をしてみたい。まずは、松陰伝の古典、徳富蘇峰『吉田松陰』（岩波文庫）。もとは一八九三年に出版され、その後、一九〇八年に改訂版がつくられる。両者の相違については植手通有《うえてみちあり》による同書の「解説」を参照されたい。

今年（二〇一五年）の大河ドラマもそうであるような、理想の教育者としてのイメージを定着させたのが、玖村敏雄『吉田松陰』（文春学藝ライブラリー）。初版は一九三六年に岩波書店から刊行された。

彼が死刑に処せられた罪状は老中間部詮勝暗殺計画だが、玖村はこの計画を「志士として拙かった松陰をして、教育者としての偉業を完成せしめる」と評している（同書、三〇〇頁）。

戦争中、松陰は武士道の象徴的存在に祭り上げられていた。敗戦後、これとは異なり、日本近代化の先駆者として捉えた本が現れる。一九五一年の奈良本辰也『吉田松陰』(岩波新書)だ。その後も多くの評伝が書かれてきたし、特に昨年(二〇一四年)末からは新顔が増えているが、基本線は玖村と奈良本のふたつの流れに尽きているといってよい。

そうしたなかで私がおもしろいと思ったのは、一坂太郎『吉田松陰とその家族――兄を信じた妹たち』(中公新書)だ。冒頭から「テロリスト」ということばを使って松陰を語るところが、私の観点と一致するからである。最終章では、延広真治《のぶひろしんじ》の論文を引いて松陰と「フーテンの寅」というふたりの「寅次郎」を比較し、「花燃ゆ」主人公の吉田文を、諏訪さくら(旧姓、車)に重ねている。たしかに、「花燃ゆ」で「兄上」というセリフを連発する井上真央は、財布を持って渥美清を追いかける倍賞千恵子そっくりである。私のような正統派大河ファンが、「まるでホームドラマじゃん!」とそっぽを向くのもうべなるかな。「男はつらいよ」が、「花燃ゆ」のモデルになったというわけか。

小説に目を転じると、やはり根強い人気を誇る司馬遼太郎の『世に棲む日日』(文春文庫)ということになろうか。その前半が松陰篇である。(後半の主人公は高杉晋作。)司馬はこの本で一九七二年に吉川英治文学賞をとり、文壇での地位を確立した。ただ、当の吉川英治には、松陰を主人公とする完成作品はない(未完の原稿はあったらしい)。「歴史上の人物あれこれ」という筆記には、戦争中に勧める人があったがあえて書かなかった旨が述べられている。侵略戦争の偶像だった松陰に対して、作家としてのインスピレーションが湧かなかったのだろうか。ちなみに、松陰は実際に大陸進出政策の草分けであった。

最後にもう一冊、ぜひ紹介したい本がある。溝口雄三『李卓吾——正道を歩む異端』（集英社、中国の人と思想10、一九八五年）だ。残念ながら今は古書でしか購入できない。十六世紀の中国の思想家李卓吾の評伝でありながら、多くの頁を吉田松陰に割いている。松陰が獄中の読書で出会った三百年前の異国人に、どう共感したのかが紹介されている。この二人はともに陽明学者に分類されているが、彼我の国情に応じた相違も大きい。松陰を冷静に相対化して見るには好適な本である。

破壊王と呼ばれて

本紙（産經新聞）二〇一五年三月二十六日付「鈍機翁のため息」は、「小島毅さんは何を目指す」と題して、朝日新聞三月十九日付に掲載された私のインタビュー記事（本書「吉田松陰と陽明学」）を批判しておられます。そして、私のことを「学界・言論界の破壊王」と呼んでくださっています。光栄ではありますが、鈍機翁子（桑原聡記者）による批評には不本意なところがありますので、一筆したためました（「子」は孔子・老子などにも使う敬称です）。

私は「破壊王」どころか、正統派保守をもって自任しています。伝統と体制を保守することを良しとする者です。その立場からしますと、黒船来航後に江戸幕府を倒そうとすることが日本の国益にかなっていたとは考えません。私が朝日の記事で批判しているのは、自分たちの信念だけで独善的に暴走したテロリストです。吉田松陰はその一員であったと指摘し、彼に心酔することの危険性を説いたのです。松下村塾で話し合われていたのは西洋人や幕府首脳の暗殺計画であり、松陰こそ立派な「破壊王」でした。

松陰は昭和の敗戦までは尊王攘夷の志士として英雄でした。それが、敗戦後は教育者・先覚者・改革者として讃えられるようになり、安倍首相の松陰観もこれだと拝察します。私は松陰を尊王攘夷のテロリストとみなすことこそ、むしろ今の私たちが置かれている世界情勢、テロとの戦いにおいては必要だと主張したのです。

今の日本では改革ということばがプラスイメージを持ち、変わらないこと（＝保守）を悪だと決めつける風潮があります。それこそ破壊主義者が跳梁跋扈しているのです。私が目指しているのは、破壊ではなく、過去の出来事や人物についての俗説的評価を覆すことによって、日本を本来の姿に戻していくことです。

私が吉田松陰批判を通じて目指すこと

朝日新聞三月十九日付けインタビュー「異議あり」で吉田松陰の思想の危険性を指摘したところ、産經新聞コラム「鈍機翁のため息」二十六日付けが取り上げてくれた。「小島毅さんは何を目指す」という題で、私が「手榴弾を投げっぱなし」の「破壊王」だと評している。さらに、朝日新聞二十九日付け「ニュースの本棚」の松陰評伝の紹介（本書「明治から昭和へ、松陰像の変遷」）のなかで吉川英治が松陰を小説で描かなかった理由を述べたところ、四月六日付けで「想像力の働かせすぎ」と来た。産經新聞に投書（本書「破壊王と呼ばれて」）したが採用してもらえなかったので、この場を借りて答弁させていただく。

ただし、主義主張が違う以上、自説の反覆では水掛け論になるだけなので、鈍機翁さんの疑義に答える形にとどめる。「手榴弾を投げっぱなし」は私の「松陰＝テロリスト」論を皮肉っているのだろう。私が目指しているのは簡単明瞭、「テロとの戦い」を口にする人たちが江戸幕府を暴力で倒そうとした人物を褒めるべきではない」というに尽きる。
戦後、松陰は司馬遼太郎らによって美化されて生き残ったわけだが、吉川英治は松陰を主人公には据えなかった。吉川が戦後再評価して自作の主人公に据えたのは、戦前に逆臣扱いを受けていた平清盛（『新・平家物語』）や足利尊氏（『私本太平記』）だった。歴史小説家としての器の違いを示していよう。

（未完）

付記（二〇一八年一月二十九日）

この文章は、二〇一五年四月にさる新聞に寄稿するつもりで書き始めたが、掲載予定企画が成立しなかったため、未完のままの断片である。別項の、産經新聞が採用してくれなかった投書とあわせてここに載せておく。

産經新聞は二〇一八年一月に「明治百五十年」というシリーズ記事を連載し、あいもかわらぬ維新礼賛論を展開している。たとえば、そのうちの一月二十五日付けにはこうある。松陰の名が歴史教科書から消えかねないという事態を憂える箇所である。

「世を救はむと起」（小島注：歌人吉井勇の和歌の引用）った人物やその史上の役割を教育現場で伝えずして、今後起こりうる国難を克服するような人材が果たして現れるのだろうか。

産經新聞は憂国の情を持つ人物がテロを起して「国難を克服する」ことを期待しているようだ。同紙を購読しているひとりとしては、テロ等準備罪で発行禁止処分をくらうのではないかと心配でならない。

教育者、松陰の誕生——玖村敏雄『吉田松陰』解説

本書の史的位置づけ

『吉田松陰』の著者玖村敏雄（一八九六〜一九六八）の専門分野は教育学であった。山口県出身で、広島高等師範学校を卒業したのち、母校や山口大学、福岡学芸大学で教壇に立った。スイスの教育者ヨハン・ハインリヒ・ペスタロッチ（Johann Heinrich Pestalozzi、一七四六〜一八二七）の研究者としても知られる。一九三〇年代に岩波書店で企画された吉田松陰全集編纂事業の中心人物として活躍、「教育者松陰」像の普及啓蒙活動に努め、『吉田松陰先生と日本精神』（講演速記、長府町尊攘堂事務所、一九三五年）・『吉田松陰の国体観』（広島文理科大学尚志会、一九三六年）・『吉田松陰の思想と教育』（岩波書店、一九四二年）などを発表している。本書はもともと全集第一巻のために書いた伝記を増補改訂したもので、一九三六年に上梓された。

吉田松陰の伝記としては、古くは徳富猪一郎（蘇峰）の『吉田松陰』がある。初版は一八九三年の民友社版。そこでは冒頭、松陰を「日本国を荒れに暴らしたる電火的革命家」と形容し、また、「彼は多くの企謀を有し、一の成功あらさりき。彼の歴史は蹉跌の歴史なり、彼の一代は失敗の一代なり。然りと雖彼は維新革命に於ける、一箇の革命的急先鋒なり」と評している（二〜三頁、傍点は省略）。蘇峰は後段に一章を設けて松陰を「マヂニー」と比較している。ジュゼッペ・マッツィーニ（Giuseppe Mazzini、一八〇五〜一八七二）は青年イタリア党を率いて一時ローマ共和国を作った革命家であった。そして、本書全体は次のように結ばれている。

彼が殉難者としての血を濺ぎしより三十余年。維新の大業半は荒廃し。更らに第二の維新を要するの時節は迫りぬ。第二の吉田松陰を要する時節は来りぬ。彼の孤墳は、今既に動きつゝあるを見ずや。（三四〇頁）

当時、明治維新の立役者としては、木戸孝允・大久保利通・西郷隆盛のいわゆる「維新三傑」（「明治三傑」とも）が顕彰されており、松陰は彼らに比べるとさほど評価されていなかった。むしろ、ここで蘇峰が言う「革命家」として松陰が再発見されたのである。蘇峰はこの頃藩閥政府批判の論陣を張っており、「第二の維新」を担うべき「第二の吉田松陰」待望論を展開していた。

ところが、その後、彼の立場は大きく変化する。「平民主義者蘇峰の帝国主義イデオローグへの転回」（田中彰『吉田松陰』、中公新書、二〇〇一年、四一頁）である。一九〇八年のその改訂版では松陰を革命家とする文言はすべて削除され、代わって「国体論」・「帝国主義」・「武士道」という語が目次に登場する。

大正期にもいくつかの伝記が出版されたが、蘇峰のものが引き続き広く読まれていた。そして、昭和にはいって十年が経った一九三六年、本書、玖村敏雄の『吉田松陰』が登場する。「以後の松陰伝が、この『玖村松陰』によって教育者松陰像に圧倒的比重をかけたものになっているのは、玖村のこの書の影響がいかに大きかったかを物語っている」（田中前掲書、九二頁）。

これと同じことは、海原徹『吉田松陰』（ミネルヴァ書房、二〇〇三年）でも説かれている。

> われわれにはむしろ馴染みやすい教育者松陰の登場したのは、（中略）玖村敏雄の影響が大きい。松陰の思想と行動、とくに教育者的側面に注目する彼の立場は、その後、スイスの教育家ペスタロッチに松陰をなぞらえ、あるいは兵学教育者松陰を強調するなど、理想の教育者として彼を見る多くの研究書を生み出した。（海原書、九頁）

海原自身は自著を「まったく新しい、もう一つの吉田松陰論」だとしている（「はじめに」ii〜iii頁）が、氏自身が教育史研究者であるからか、松下村塾を「教育の原風景として位置づけ、そこへ限りなく近づく努力を続けることは、われわれに課せられたほとんど義務といえるのではなかろうか」（二五一頁）と、本書全体を結んでいる。そもそも、「私自身、未だかつて松陰のマイナス面に注目し、その欠点や短所をことさらに言い募るような本や論文に出会ったことはない」（二一頁）という人格的な評価が、海原には見られる。松陰を「おめでたい陽明学者」とか「幕末のテロリスト」とか酷評する本が出るのは、たしかに海原のこの本の出版後のことである（小島毅『近代日本の陽明学』および『靖国史観』、二〇〇六年、二〇〇七年）。

玖村のあと、「熱狂の『忠君愛国』松陰像」（田中前掲書、一〇一頁）が一世を風靡し、そして敗戦によって松陰は語ることを憚られる人物となる。一九五一年に出版された奈良本辰也『吉田松陰』（岩波新書）は、蘇峰転回後続いていた戦前の傾向とはかなり異質な松陰論だった。奈良本は「時代に対決して失敗した、いわば敗者としての思想的、政治的実践者としての松陰に、その人間像をみようとしたのである」（田中前掲書、一〇九頁）。奈良本は本書のなかでたびたび革命という語を用いている。それは、蘇峰旧版の趣旨であった「革命家」松陰像の復活とも見える。

松陰は、四年後にくる革命（高杉晋作らによる藩政奪権か——小島）を信じていた。（中略）彼は、この革命に働きかけたのだ。大衆としてではなく、先覚者として。

しかも、この場合、彼は革命の成果に対する分け前を何ら要求してはいない。彼は革命に死ぬることを望んだが、生きて革命に報いられることを欲してはいなかった。

（奈良本前掲書、一四七頁）

この評価（松陰の内面にまで踏み込んだ憶測）は、蘇峰が松陰をイタリア共和国運動の志士マッツィーニになぞらえたことを思わせる。マッツィーニは王制によるイタリア統一を辛うじて見るまで生き長らえたが、松陰同様、その「分け前」は得ていない。奈良本は文中で特に蘇峰旧版に言及していないが、読んで知っていた蓋然性は高い。蘇峰と奈良本とでは政治的立場が大きく異なるけれども、松陰が置かれた時代状況から説き起こし、「時代の子」（奈良本の表現）として彼を描こうとすることも共通している。なによりも、蘇峰が一八九〇年前後の、奈良本が一九五〇年前後の、それぞれが直面していた時代状況のなかで求められる松陰像を描いてみせた点に、両者に通底するものが感じられる。

その後、巷間では司馬遼太郎（一九七一年に文藝春秋から刊行された『世に棲む日日』など）をはじめとする歴史小説家が描く松陰像が流布したが、それらの多くは「玖村松陰」（教育者としての松陰）と「奈良本松陰」（先覚者としての松陰）を踏襲しているように見える。

二〇〇一年に、田中彰が百年来の松陰論を総括して述べている次の文章は、今、より一層切実になっているように思える。

> 戦争責任をあいまいにするどころか、歴史をつまみ食いして歴史を美化してナショナリズムをくすぐり、「大東亜戦争」などの正当化を主張した教科書すら出はじめた昨今の状

況を考えると、このような流れに沿う松陰像が、いつまた再生産されるかわからない。その意味でも松陰像のあり方には十分留意しなければならないのである。

（田中前掲書、一一二頁）

今、ここに、「玖村松陰」を再び入手しやすいかたちで世に送ることの一つの意義は、そこに書かれていることを鵜呑みにして拳々服膺するためではなく、本書から伝記的知識を得るとともに、あわせて著者の立場を相対化して見ることで、吉田松陰なる人物について各自が自分の頭で考えてみることにこそある。

孔子いわく、「学びて思はざればすなはち罔《くら》し、思ひて学ばざればすなはち危し」と。

志士松陰ならびに玖村批判について

田中や海原が言うように、玖村が描く吉田松陰は教育者としての面に重点を置いている。その際、功成り名を挙げて「明治の六大臣」と称された人たち（木戸孝允・伊藤博文・山県有朋・山田顕義・品川弥二郎・野村靖）ではなく、「松陰自身が教育していた当時門人に対してなした鑑定に従って行こう」と宣言している（本書二七六頁）。こうして、高杉晋作・吉田栄太郎・久坂玄瑞らが主要門人として大きく扱われることになる。特に、久坂を「松陰歿後に於ては彼こそ最も実質的に塾の精神の継承者として活躍した」（本書二八六頁）と評している。

久坂は一八六四年の禁門の変で落命した。すなわち志士として生き、そして死んだ。国事殉難者として、師の松陰と同じく靖国神社の英霊に認定されている（ちなみに、病死した高杉は英霊ではない）。「塾の精神」とは、やはり何よりも「革命」（蘇峰旧版の表現を使えば）をめざす志士たることにあったと、玖村も見ていたのではなかろうか。

第四章「幽室時代」は教育者松陰を描いて本書の眼目となっているが、その第六節「松下村塾の閉鎖」と名付けられた節の出だしは、紀伊藩附家老水野土佐守暗殺計画の紹介である。松陰はこれ以後「直接行動」（玖村の表現）に走ることとなる。老中間部詮勝暗殺計画について、「自らが善しと信じたことは必ず他人もそう信じてくれる。何も悪事を陰謀するのではないから当路者に秘する要はないと考えた」（本書三〇〇頁）。以後、藩主毛利敬親に対する伏見要駕策、さらに大原卿の迎長策といった、一連の直接行動が企てられるに至る。結局、松陰は未遂とはいえそのテロ計画の罪状によって、江戸で処刑された。

玖村が吉田松陰を教育者として描いたことは、戦後も松陰が歴史上の偉人として生き続けるのを助けた。尊王攘夷の志士としての松陰像は後景に退き、近代日本の礎を築いた人物として積極的に評価されるようになる。ただ、その一方で、皮肉にも玖村による本書は研究史上の重要性を失っていった。

たとえば、近年における代表的な松陰研究である、桐原健真『吉田松陰の思想と行動——幕末日本における自他認識の転回』（東北大学出版会、二〇〇九年）では、玖村への言及はわずか一回のみ、しかも、山県太華《やまがたたいか》との天皇観をめぐる論争において松陰の文章の論旨を読み誤っていると指摘するくだりである（同書、一九六頁）。それは本書二〇六頁に見える『講孟余話』からの引用で、天皇の存在について「人間の種にはあらぬ如く心得るは古道曾《かつ》て然るに非ず」と松陰が述べている箇所についてである。桐原は、「この一文は、松陰の天皇観、特にその現人神的な天皇観を否定する根拠として、玖村敏雄（中略）をはじめとした諸研究においてしばしば引用されてきたが、これが太華による論駁に応じたものであり、松陰の一貫した天皇観ではないことを考慮しなければならない」と評している。

この指摘は、玖村をはじめとした諸研究が、松陰の天皇観を「現人神的な天皇観を否定する」と捉えたことを、松陰の思想の全体像を見誤ったものと批判するものである。たしかに、松陰が「現人神的な天皇観を否定する」人物であったならば、それは狂信的皇国史観とは一線を画す理性的な人物と言える。戦後の風気の中で松陰を救い出すには恰好の事例だ。桐原の批判は、こうした安易な松陰救出計画を、史料を精密に解読する思想史学の立場から事実に反するものとして糾弾しているのである。この点で、私は桐原に共感する。

だが、この箇所、果たして玖村はそう解釈しているのだろうか。おそらく、桐原が見て私は見ていない戦後の松陰研究では、一九四五年までの松陰評価に異議を唱えて松陰を救うべく、そうした解釈がなされているのであろう。そして、桐原が指摘するように、それらはこの文章が太華との論争という文脈におけるものであって、松陰の信念そのものではないということを見落としている。あるいは、わかったうえで松陰救出のためにやっているのかもしれない。

しかしながら、われらが玖村は、別段「現人神的な天皇観を否定する根拠」に用いていないのではなかろうか。たしかに、玖村はその前に江戸時代の儒者による君臣の義の強調について、「わが国体の本義上からは一面観たるを免れぬ」と評している。本書刊行の翌年、一九三七年に文部省編による『国体の本義』が出版された。松陰もその普及に与かって一役買った「国体」という語が、玖村が本書を執筆している頃には神聖不可侵な語彙として流通していた。

ただし、ここで玖村が瑕疵を指摘しているのは、江戸時代の儒者たちが日本の君臣関係を儒教的・中国的な倫理関係で捉えてきたことに対してであって、松陰その人についてではない。むしろ、桐原が言うように、太華のような一般的な見解とは違って、松陰が日本の特長（＝国体！）を君臣関係が親子関係そのものであるところに見たことを高く評価している文脈のように、私には読める。その文面を「現人神的な天皇観を否定」していると捉える視点は、少なくとも玖村には無い。

私は、「だから玖村は偉かった」というつもりで云々しているのではない。そうではなく、そもそも、そうした問題設定の仕方（現人神か否か）は、松陰にも玖村にも存在しなかったということを言いたいのである。失礼ながら、桐原の玖村批判は、まだそこに存在しないものを、その後のもの（玖村を根拠に松陰が「現人神的な天皇観を否定」したとする議論）によって批判しているように見えてしまう。私たちは、玖村による本書が一九三六年の刊行であるということ、正しくその時期的文脈を押えて読み解く必要があるだろう。

主著の一つである『講孟余話』についての記述のなかで、玖村は次のように松陰を評している（本書一九九頁）。

聖賢に阿《おもね》らず、漢土古代に怙恃せず、卓然として日本人である自分の道を求めるという態度は実にこの書の眼目である。松陰はその短かった生涯を全く国家に捧げつづけて終った、その間に為した事の中には欠点もあり未熟な点もなかった訳ではないが、この熾烈なる憂国報公の精神は純一そのものであつた。

一九三一年、いわゆる満洲事変が勃発し、日本は対外戦争の泥沼に突き進んでいく。一方、国内では軍部過激派によるテロが横行し、一九三二年には五・一五事件、本書が出版される十ヶ月前には二・二六事件が起きていた。時局柄、玖村は直接時事問題に関わるような叙述を本書では一切していない。ただ、本書全体の結びにあたって、次のような一文が置かれているのみである（本書三八〇頁）。

現代及び将来に於てもその烈々たる愛国的精神、その至純なる教育的精神は、なほ未だ悉くは実現して居ないところのその雄大なる国策と共にこれを仰ぐ者の心に永く生きて作用《はたら》きつづけ、天壌と窮りなき皇運を万古に扶翼し奉るであろう。

玖村が表明するこの見解の是非を問うことは、歴史の結果を知る者が持つ特権に胡座をかく行為でもあるので、ここではしない。ただ、やはり、いかに教育者として描こうとも、吉田松陰が熱烈な政治的志士であったこと、そして、その「愛国的精神」・「憂国報公の精神」とは、結局は彼の政治的立場（尊王攘夷）による独善的なものにすぎなかったことを、私たちは深く噛み締めるべきではなかろうか。「日本人である自分の道を求める」ことは、現在においても有効であり、重要でもあろう。しかし、それが他者の存在、すなわち日本人ではない者や自分と意見が異なる者の立場を認めず、愛国・憂国でありさえすれば許されるという狂信に走るものであるならば、それは五・一五事件や二・二六事件で政治家たちの生命を奪ったテロリズムと同じになってしまう。

吉田松陰は、たしかに日本史上の偉人かもしれない。しかし、批判の視点を欠いたまま偉人の伝記を読むことは、また危険な行為でもある。そもそも、松陰は間部詮勝暗殺計画によって死刑に処せられた人物なのだ。良薬と毒薬とに、本質的な違いは無い。

2　ダークサイドの誘惑

――殺身成仁の美学

死を見据える——儒教と武士道、「行の哲学」の系譜

未ダ生ヲ知ラズ、イズクンゾ死ヲ知ラン

「未だ生を知らず、いずくんぞ死を知らん（未知生、焉知死）」。『論語』先進篇に見える、孔子のものとされることばである。

これは門人の子路（この章では「季路」と表記）が死について質問したのに対する回答で、一般に「生きるということすらまだわからないうちから死についてあれこれと穿鑿して語るのは、見当違いも甚だしい」と解釈される。『論語』の注釈として最も権威あるものとして東アジア全域に伝播した、朱熹《しゅき》の『論語集註』（以下、朱注と略称）では、「学問には順序というものがあって、飛びこすことはできない。だから先生はこのようにおっしゃったのだ」とする。

『論語』のなかの他の諸章同様、現在の文献学的基準から判断して、これが本当に孔子のことば

なのかどうかは定かではない。しかし、そうであるか否かにかかわらず、『論語』成立以来長年のあいだ、これが孔子のことばとして伝承されて流布し、儒教の死生観に大きな影響を与えてきた事実は厳然として揺るがない。

儒教が仏教やキリスト教などの他の宗教と違って——そもそも、この「宗教」という枠組み自体、キリスト教をモデルとして西洋で形成された概念であって、儒教について考察する際には必ずしも適合的な概念ではないのだが、今はこれ以上問題にしないでおく——、「死」をそれ自体として考察対象とせず、目の前の「生」に限定して語る教説であろうとする姿勢の根拠として、この孔子のことばが用いられてきた。しかし、本当にそうだろうか？

加地伸行氏は、「孔子は死について語らず無関心であったという解釈」を批判し、この孔子の発言も「具体的な死の問題についての議論と解する」立場から、「まだ在世の親（生）の意味・意義についてちゃんと理解できないでいるならば、どうして御霊《みたま》（死）の意味・意義についてきちんと理解することができようか」と訳している【1】。つまり、通説が、子路は自分自身の生死を問題にしていたとするのに対して、そうではなく、祖先祭祀についての問答であったとみなす。この章の前半が、子路の鬼神を祭ることについての質問に対して、孔子が「未だ人に事《つか》うるあたわず、いずくんぞ能く鬼《き》に事えん（未能事人、焉能事鬼）」という問答になっていることと内容的に関連するはずだとすることによる解釈である。なお、「鬼」とは中国の古典では死者の霊魂を意味し、現代日本語でいうところの「おに」ではない。

この加地氏の解釈は、氏の持論である「儒教は死の意味を考えてきた宗教である」とする理解に基づいている【2】。氏によれば、儒教にはもともとこうした宗教性があったのだが、それがやがて礼教性によって覆われてしまい、さきに紹介したような通説がまかりとおるようになった。加地氏は、こうした風潮を、孔子に始まる儒教の意義を誤解したものと断ずるのである。

こうした「誤解」を広めるうえで、朱注にも責任があることは明らかである。朱注では、子路はまだ訊《き》くべきではないことを訊《たず》ねたために、孔子から戒められたとされているのだ。ただ、朱注でも、「死は重要な問題である」という言明を行っている。「死」は、「まだ訊くべきではない」だけであって、「訊いてはならないこと」ではない。ただし、朱注で問題にしている「死」とは、祖先祭祀ではなく、自分自身を含む人間の死一般についてである。

重要問題として意識されていながら、孔子がその問題への即答を避けたのは、子路という弟子がまだそれを充分理解するだけの段階に達していないと孔子が判断したからだ、というのが朱熹の解釈である。「生」について理解した者のみが、「死」についての教説に接することを許される。彼は学習者が段階を飛び越えてまだ学ぶべきでないことを「躐等《ろうとう》」と呼んで忌避する。朱注はこうした階梯性を設けることによって、「死」の問題をむしろ深化させようとしたとも言えるだろう。『論語』先進篇の孔子のことばの解釈としては、上述のような形で「死」に触れないことで――実際、孔子は答えをはぐらかしているのだから――、朱熹自身の「死とは何か」に対する答案を見せることはなかった。だが、その問題の重要性は明確に指摘されており、また、彼を含む多くの儒者がそのことを意識していた。とすれば、孔子が子路に対して禁じていた「死について問うこと」を、彼らはどのように自問自答していたのか。

加地氏は後年の儒教（朱熹により確立された朱子学を含む）では礼教性が肥大化して宗教性を覆い隠してしまったと説く。ではその礼教性のなかにおいて「死」の問題はどのように語られていたのか。とりわけ、儒教を——歴史的に限定して言えば朱子学を——外来の思想として受容した日本において、この問題はどういう形をとって現れていたのか。

殺身成仁

同じ『論語』には、行為主体がみずからの生命をかけて何かをなすべきことについての訓話もある。衛霊公篇の孔子のことば。「志士・仁人は生を求めて以て仁を害なうことなく、身を殺して以て仁を成すことあり（志士仁人、無求生以害仁、有殺身以成仁）」。

いたずらに生きながらえればよいというものではない。古今東西、多くの思想家が説いたであろう人生訓を、孔子は「仁」という価値基準によって表現する。言うまでもなく、仁は彼の思想教説の中心概念であった。

この章について、朱注はこう述べる。「理として死ぬべきときに生きながらえることを求めたりすると、その人の心には落ちつかない不安が生じる。これは心の徳をそこなっているからである。死ぬべきときに死ぬならば、心は安らかであり徳は保全される」。「理」とは朱子学の重要概念であり、一言では説明しにくいけれども、ここは日本語にもなっている「道理」と解釈して大過なかろう。道理として死ぬべきときには死なねばならぬ。朱熹は孔子がそう述べていると説くのだ。

朱熹が自分の弟子たちからの質問に答えた語録、『朱子語類』巻四五には、この章に関する問答が四つ掲載されている。その一つ、余正叔という弟子とのもの。

「殺身とは、この仁を成就しようとしてのものでしょうか?」

「もし仁を成就しようというならば間違いだ。行うべきところ（所当行）を行うというだけのことだ。」

別の条でも、殺身とは「性命之理」を全うするために意識してなされる行為ではないとする朱熹の見解が披瀝されている。殺身のその時にあたって、本人には自分が「性命之理」を全うするかどうかを思案する余裕はない。「性命之理」を全うしたかどうかは、その行為を見て第三者が判断することにすぎない、と。

要するに、ここで言われているのは、人間としてなすべき事柄——それが何かはいかなる道徳的基準を当事者が有するかによることであり、もちろん朱子学には朱子学なりの基準があるわけだが、今そのことは問題ではない——が眼前にある時、それがどのような効果をもたらすかを思案熟考するのではなく、ただなすべきこととしてなせという訓えである。他の条によれば、朱熹は孔子の言う「仁」を「自分の心に宿る正しき道理（吾心之正理）」と解してその内在性を強調しているし、残りもう一つの条では、平常時の心がけがこうした死生にかかわる重大事にあたってものを言うという趣旨のことが説かれている。はたから言われてするのではない。みずからの良心に基づき、普段どおりになすべきことをする（行所当行）には、当人の日頃の覚悟が肝心というわけだ。

朱子学に対抗して陽明学を興した王守仁《おうしゅじん》も、この章の理解については朱熹と異ならない。その語録である『伝習録』巻下には、この章についての語として「天理に違えば、それは鳥や獣と同じである（から人間というに値しない）」という表現が見える。世間一般の人々は自分の命を大事にするあまり、いざというときに逡巡して天理を失ってしまっているということを評する句である。王守仁の用語法では――朱熹でも同じだが――、「天理」とは各人の心に宿る良心である。人間と動物との道徳的相違は、自己の良心にのみ基づいて――つまり、他者からの法的もしくは心理的強制によることなく――、自分の生命よりも重要な価値を持つもののために死ねるかどうかにあるというのだ。

朱子学にしろ陽明学にしろ、この問題に関して意見の相違はない。「殺身」は、やむにやまれぬ心情・信条からする自発的な行為として、そうせざるをえない形でなされる。いざという時に逡巡して、「害仁」すなわち自己の人間性を傷つけることがないように、普段の日常生活のなかで心がけておくようにする、それこそが人間としての修養を積むということになるわけだ。

「理」のためには自分の生命を擲つ覚悟をしておく――これが彼らの求める生き方であった。

と、こう話を進めてくると、わたしたちは日本の思想文化における、ある伝統（とされるもの）との親縁性に思い至らないだろうか。武士道である。

『武士道』と陽明学

ここで節の表題の武士道という語に『』を付したのにはわけがある。ここで当面あつかう武士道が、武士道一般ではなく、ある著作に代表される表象としての武士道だからだ。その著作の書名そのものが『武士道』、あの新渡戸稲造が明治三十二年（一八九九）に英語で著した書物である。

名著として長く読み継がれてきたこの書物は、また近年の『武士道』ブームによって多くの評論の対象となり、すでに言うべきことは言い尽くされた観がある。わたしに別段創見があるわけではない。だが、ここであらためて、新渡戸が彼の表象する武士道をどのように構成しているかを確認しておきたい。

新渡戸は、西洋社会においてキリスト教道徳が果たしているのと同様の作用を日本で担っているのが武士道だとする。というか、そのことを西洋の読者向けに提示するのが、この書物の執筆意図であった。したがって、その解説は一般の西洋人（東洋についてあまり知識を持たない人たち）にとって理解しやすいように、彼らの思考の枠組みに沿うように展開されていく。

このように、本書はあくまで「彼ら」に対する解説書であって、本来は「われわれ」に向けて書かれたものではないのだから、事実認定や価値評価に関して細かに穿鑿すれば欠点が眼につくし、これまでそうしたあげつらいがなされてもきた。しかし、それは本書の性格からして、生産的な議論ではなかろう。ここでわたしが検討の対象にしたいのは、個々の事実や評価ではなく、新渡戸の叙述の枠組みそれ自体である。

新渡戸は武士道の背後に三つの思想があるとする。神道・仏教（特に禅）、そして儒教である。これは日本における「三教」として、中国の本来の三教から道教を取り去って神道を入れた、いわば常識的な言述であり、それ自体になんら新味はない。だが、注目されるのは、儒教において孔子の教えの正統的継承者として――少なくとも、武士道ということでの主題に関して――、彼が名をあげる人物が朱熹ではなく王守仁だったということである。換言すれば、武士道精神を育んだのは、朱子学ではなく陽明学だったと評価したことになる。

実際には、（後述するとおり）儒教のなかで江戸時代に圧倒的な勢力を持ち、広く武士階層に浸透していたのは朱子学だったわけだし、新渡戸がそのことを知らないわけでもなかったから、ここであえて彼が陽明学を選択して西洋人に紹介したのは、何か意図的な行為だったと考えざるをえない。彼の目から見て、武士道と親縁性を持つのが朱子学でなく陽明学であったということの理由と意味はどこにあるのだろうか。

このことは実は新渡戸に関して従前から指摘されている、ある特徴から容易に類推することができる。その特徴とは、彼がキリスト教信者、それもカトリックではなく、プロテスタントの、しかもアメリカのクエーカーに親近感を持っていたということである。そして、これは彼に限らず、明治時代にキリスト教に入信した知識人たち全般の傾向としてすでに指摘されていることだが、彼らは儒学的素養を背景に持ってキリスト教を理解し、自身の信仰として受容していった。しかも、その場合の「儒学的素養」が、朱子学ではなく陽明学であったということである。

ここで誤解のないように若干付け足しておくならば、彼らの儒学的素養が朱子学の教育方針で行われなかったということを、言おうとしているのではない。むしろ、江戸時代末期の一般的傾向として、朱子学的な教育環境にあった者の方が彼らキリスト教信者には多いし、陸奥南部藩出身の新渡戸にしてもそうである。ここで「儒学的素養」と述べたのは、実際に彼らがいかなる教育方針でその素養を身につけたにせよ、彼らが親近感を感じたのが、朱子学的心性ではなく陽明学的心性であったという意味である。

朱子学的心性・陽明学的心性という語でここでわたしが言おうとしていることは、その実かなり複雑であるのだけれども、単純化して言えば、形式主義と心情主義の二項対立に置き換え可能である。もちろん、事はそう単純ではないし、わたし自身、ひとりの研究者としては朱子学を形式主義だとは考えていないが【3】、ここでの論述において問題となる、彼ら明治のキリスト教信者たちの見方によると、どうやらそういうことになるらしい。そして、彼らは形式主義を嫌い、心情主義に与するのである。

そのためであろう、明治時代に知識人たちが入信したのはカトリック教会や正教会ではなく、プロテスタントの諸流派であった。内村鑑三にいたっては、プロテスタントの教会組織にすら形式主義的な欠陥を見いだし、無教会主義という独自の立場を構築するにいたる。そして、その内村は、これも英語で西洋人に向けて日本の思想文化を紹介した名著『代表的日本人』(明治二十七年〈一八九四〉)において、西郷隆盛の精神的基礎を形作った教説として陽明学の名を挙げている。

西郷が陽明学者といえるかどうかは、学術的にはきちんとした検討を要する事項である。だが、ここでも彼ら明治の人たちがそう認定していたという事実の方を尊重しよう。そもそも、西郷のような性格・特徴の人物を陽明学者と認定するということそれ自体に、彼らが陽明学をどういうものとして見ていたかが如実に現れているからだ。

内村は、陽明学という、当時の西洋人(特に、彼の書物が出版されたアメリカ人)にとってなじみの薄い思想流派をわかりやすく説明するために、高杉晋作がそれより五十年前に洩らした感想を流用している。高杉は長らく日本で禁制だったキリスト教(それもプロテスタント)の教義に接した際にこう述べたのだ。「これは陽明学だ。日本に革命をもたらす教説となるだろう」と。内村は主語と述語を入れ替えて、西洋人に向けて「陽明学はキリスト教なのです」と説いたのである。

そして、新渡戸が『武士道』で説いたのも同じ理屈だった。キリスト教道徳のない日本という国で、それに相当する役割を果たしていた武士道を支える三つの思想の一つ儒教は、新渡戸によれば朱子学ではなく陽明学なのであった。

たしかに、朱子学が教育修養の階梯性を重視し――そのことは本稿冒頭の「未だ生を知らず」の朱注からもうかがえよう――、「知先行後」を説いて即時的な行動に待ったをかける側面がある[4]のに対して、陽明学は「知行合一」を説き、行動・実践をともなわない知識は本当の意味での知識ではないとする。したがって、陽明学では虚飾に満ちた礼節を嫌い、心のなかの真情を重視する。少なくとも、明治のキリスト教信者たちは陽明学をそう理解していた。

彼らのこうした理解の背景には、十九世紀の日本における陽明学イメージがあった。それは端的に言えば「行の哲学」ということになろう。そのことが、こうした陽明学に親近感・憧憬感を持つ人々――これをさきに「儒学的素養」と呼んでみた――が一歩進んでキリスト教プロテスタンティズムに入信する大きな理由だったのである[5]。このことは言い換えるならば、最初からそうした性向を持つ人がそうした信仰を選んだということである。当事者の主観に従ってキリスト教の理論に即して言えば、彼らが選んだのではなく、神がそう定めたのだろうけれども。

十九世紀の日本における陽明学イメージ――。良くも悪くも、それを決定づけたのは大塩中斎（平八郎）だった。

江戸時代、陽明学の系譜の創造

大塩中斎といえば、天保八年（一八三七）に大坂で武装蜂起し、鎮圧されて自殺した人物として知られている。彼をこの決起に駆り立てたのは、儒者として彼自身が信奉していた王守仁の教説、すなわち陽明学のなせるわざであった。

ただ、こう言い切ることにはかなりの危険がともなう。すでに彼の決起――それは幕府に対するまごうかたなき叛乱であった――直後から、陽明学の教説と大塩事件との因果関係を否定し、陽明学の安全性を証明しようとする動きが生じていた。言うまでもなく、こうした動きの担い手たちは、自身が陽明学に心酔しているがゆえに、大塩事件のために陽明学が危険思想と認定されてしまうことに対する危惧を抱いていた。実際、反陽明学的言説が、いわゆる朱子学者たちの側からここぞとばかりになされていたのである。陽明学を擁護するためには、大塩が陽明学の真髄を誤解していたと論じるのが早道であった。そうすると、大塩が正しく陽明学者だったかどうかは議論の余地があることになる。

しかしながら、こうした学派ラベルの当否判定はいささか不毛であろう。陽明学といってもその理解が人によって異なるのは、何も大塩に限った話ではない。当の大塩が主観的には間違いなく自分を陽明学の信奉者として自己認識しており、その信条に従う形で決起にいたった以上は、彼を「陽明学者」と呼んでさしつかえあるまい［6］。

彼の決起は、まさしく「殺身成仁」の事業であった。朱熹の見解をふまえて意地悪く言えば、第三者がそれを「成仁」の事業と見るかどうか、かなり意見のわかれるところがある。少なくとも、幕藩体制の秩序を重視する立場からすれば、それはまごうかたなき叛逆行為であったし、現代的な視点から見ても、果たして歴史的意義があったかどうかは疑問である。だが、そうしたことを云々しているかぎり、「殺身」の行為は成就しない。と、少なくとも、前述したように、朱熹・王守仁は言っていた。自分で「所当行」と判断したことをなすことに「行」の意味がある。それは当初から死を覚悟の決起であった。

本稿では紙幅の関係もあり、ここで詳しく論じることはしないでおくが、この大塩事件に関連してやはり言及しておきたいのは、三島由紀夫が昭和四十五年（一九七〇）に起こした事件である。三島はその数ヶ月前に「革命哲学としての陽明学」という文章を著して大塩事件を取り上げ、それへの共感を表明していた。三島自身の決起と自刃は、大塩を模倣したものであるとみるのが自然だろう【7】。その当否を政治的・道義的に云々するのとは別の次元で、大塩や三島は「殺身」したのである。

大塩の思想を特色づけるものとして、「太虚」がある。太虚とは、宋儒張載によって特筆された概念で、彼の宇宙論・生命論の要をなすものだった。その後の朱子学のなかでは「理」と結びつけて説かれ、「心」のさまを表現する語として活用された。大塩はこれを顕彰して心と太虚の一致を説き、それに基づく死生観を打ち立てたのである。彼の「殺身」行動も、この理論的支えがあってはじめて可能なものであった。彼がこの思想を学んだのは、もちろん間接的には張載からということになろうが、より直接的には大塩より二百年ほど前、江戸時代初期に活躍した中江藤樹からであった。

大塩が日本に陽明学を根づかせた人物として尊敬していたのが、中江藤樹である。彼のこうした見解もあずかって、明治時代になってから、日本陽明学の開祖としての藤樹の地位が確立する。井上哲次郎『日本陽明学派之哲学』（明治三十三年〈一九〇〇〉）はこの史観を継承し、そして定着させた。本書は現在でも江戸時代儒学史を高校教科書レベルで語る際の枠組みとして通用している。藤樹については、内村も『代表的日本人』で取り上げている。そしてそのなかで、朱子学と陽明学とに対する彼の対照的な見解を示している。朱子学は保守的で、陽明学は進歩的だというのだ。もともと孔子自身は進歩的であったがその真価が見失われていたのを再発見し、孔子に対する誤解を解いたのが王守仁だったというのである。藤樹は陽明学に出会ったことによってはじめて実践的な思想家として飛躍できたというのが、彼の論旨である。

しかしながら、実は藤樹が陽明学の書物（王守仁の弟子のもの）にはじめて接したのが三十四歳、王守仁自身のもの（『伝習録』など）を取り寄せて読んだのは三十七歳のときで、彼が四十一歳で没したことを考えると「晩年」となり、その思想形成に陽明学が作用したわけでは必ずしもない。むしろ、すでにできかけていた藤樹の思想体系に画竜点睛する役割を果たしたのが陽明学であったと言ったほうが真相に近い。

では、なぜ藤樹はあとから陽明学を受け入れることができたのか。それは、彼の構想しつつあった宇宙論・生命論と、陽明学のそれ（と藤樹が解釈したもの）とが合致したからであろう。それはそこに至る実際の人生行路における体験の共感に基づくものであったかもしれない【8】。藤樹が武士を辞めるまでに苦悩したのと同様、王守仁も苦悩のなかから朱子学と異なる教説を発見したのだった。

王守仁の体験は通常、地名にちなんで「龍場の大悟」と呼ばれる。王守仁は名家出身で高名な父親を持ち、自身も科挙で好成績で合格したエリート官僚として、昇進街道を突き進んでいた。そんな彼が、権力者に逆らったために辺境の地に左遷され、死をも覚悟するにいたる状況のなかでたどりついた結論が、「心の外に理を探し求める（朱子学流の）やりかたの誤り」であった。この「心即理」説が「知行合一」説と表裏一体をなすものであることは言うまでもない。つまり、王守仁は死を見据えることで陽明学を樹立できたのである。

これに比べると、朱熹の方はいささかこうした迫力に欠けると言わざるをえない。彼も権力者と対立して苦渋・辛酸をなめており、決して恵まれた人生を送ったわけではないのだが、理知的・分析的な性格だったのであろう、それがその思想体系にも反映して、激情を正面から表出することがない。出自から言っても科挙試験での成績から言っても、当初から出世街道の外側にいたことからする冷めた意識のなせるわざか、あるいはそもそもそうした資質だったのか、何かにひたすら立ち向かって挫折し、その挫折をバネとして飛躍する、といった王守仁流のとは異なる、着実で精確な歩みが朱熹の持ち味である。

と、こう単純化してしまってよいものかどうか疑わしい面もあるが、こうして見ると、中江藤樹や大塩中斎の心を捉えたのが、朱子学ではなく陽明学であったことにも得心がいく。より正確に事態を説明するならば、彼らが心酔したのは陽明学という教説ではなく、王守仁という人の生き方であった。死を見据える覚悟を経て独自の教説に到達したことそのものへの人間的共感であった。それは（大塩を経由して）三島でもそうだったのであろう。

したがって、日本における陽明学の系譜とは、こうした生き方に共鳴・共感した人たち、換言すれば、そうした感受性を共有する性向の持ち主を連ねたものになってくる。そもそも、圧倒的な朱子学（闇斎学や水戸学を含む）の流行と、それへの対抗言説としての仁斎学・徂徠学の勢力の間にあって、「陽明学」という思想流派は江戸時代に実在しなかった。朱子学その他の流派で教育を受けた人物が、彼自身の性向によってその教えに疑問を持った時、その疑問を正当化してくれるラベルとして「陽明学」があったにすぎない。陽明学がそういう人物を育んだのではなく、そうなるべき人物が陽明学者になったのである。井上哲次郎らの明治人が、西郷隆盛や吉田松陰のような水戸学系統の人物を陽明学に分類したのもそのためであった。

水戸学か陽明学か

西郷にせよ吉田にせよ、あるいはそれ以外の「幕末の志士」たちにせよ、激動する時代状況のなかで死を見据え、自己のあるべき生き方（もしくは死に方）を苦悩しながら模索していったことは、彼らが朱子学的ではなく陽明学的な思想を持つにいたる大きな理由であったことは間違いない。彼らは死を見据え、自分一個の生の価値を相対的に小さいものとして扱った。そもそも、そうした憂患意識を持っているからこそ「志士」なのであって、そうでなければ変革期を合理的に乗り切ろうとする能吏として人生を送ったことであろう。実際には、そうした人物もおおぜいいたのであり、彼らはその朱子学的素養に基づいて国家未曾有の難局に立ち向かっていたのである。こうした能吏たちと異なり、「志士」と呼ばれること自体、彼らの「殺身成仁」への衝動を物語っている。ご記憶だろうか、孔子は「殺身成仁」の主語を「志士仁人」としていた。

吉田松陰の場合、安政の大獄で牢にあり、それこそいつ最期を迎えるかも知れない境遇にあって、明末の陽明学者李贄《りし》（卓吾）の書物に出会い、彼に共感してそのことを熱く語ったことは有名である。松陰を陽明学者に分類する根拠もそこにある。だが、彼の場合も、すでにそれ以前に思想形成はなされていたのであって、陽明学が彼を志士にしたわけではない。彼が若い頃刺激を受けたのは、水戸学との出会いであった。ペリー来航直前に、彼は水戸に旅して当時の水戸学の巨匠たちと会っている。もし思想系譜のなかで彼を位置づけようとするならば、陽明学ではなく水戸学であろう。

もちろん、前述のように、「陽明学か水戸学か」という二者択一的な問題の立て方は生産的ではない。吉田松陰という人物の内部では、彼の資質に即した形でこの両者が融合・一体化していたのである。問題は、そのような融合を可能にした、水戸学なるものの、そのありかたの究明にあろう。

水戸学——昭和二十年（一九四五）までは、「大日本帝国」の「国体」を顕彰した神聖なる教説として特権的地位を与えられ、敗戦の後は一般には価値評価が逆転して諸悪の根源とみなされて江戸思想史の表舞台から追放され【9】、これをいくぶんでも評価するのはそうした特定の思想的傾向の持ち主であるかのごとき偏見にさらされてきた思想教説。しかし、水戸学をきちんと取り上げないことには、日本の、あるいはより広く東アジアの、儒教思想の現代的意義は語り得ないとわたしは思う。

水戸学へのこの数十年来の負のイメージは、藤田幽谷《ふじたゆうこく》・東湖父子、会沢正志斎《あいざわせいしさい》、そして彼らの主君であった徳川斉昭（烈公）らに代表される、大義名分論を振りかざした尊王攘夷論・国体論によってもたらされた。彼らの薫陶を受けた連中が、桜田門外で開国派の大老井伊直弼を暗殺するテロリストとなる。それが彼らの「殺身成仁」であった。吉田松陰が感銘を受けたのも彼らの思想であり、松下村塾出身の長州藩の「幕末の志士」たちは、いわば水戸学者の孫弟子であった。長州藩のテロリズムの一因を水戸学に求めることもできよう。そのなかから、動乱を生き残った志士たち、すなわち「明治の元勲」が多数輩出する。

実際、水戸学の延長線上に明治以降の国家神道や軍国主義を措定することが可能であり、そうした所行の責任を負わされる形で、水戸学への批判的言及がなされてきた。ただ、十九世紀の水戸学は、普通「後期水戸学」として「前期水戸学」とは区別して捉えられている。前期水戸学にはまだそうした日本独尊主義的色彩は見られない。

前期水戸学の中心人物、と言うより、そもそも水戸学を水戸藩に興した人物こそ、第二代藩主徳川光圀（義公）である。彼が藩財政の多くを費やして推進した『大日本史』編纂事業が水戸学を生み、育んでいった。後期水戸学は、なかだるみしていた『大日本史』編纂事業の再開によって始まり、幕末の情勢のなかで大きな政治運動となっていくのである。ちなみに、『大日本史』の完成はなんと二十世紀になってからのことであった。

だが、そもそも『大日本史』編纂という事業は、後世の国体論者の主義主張とは微妙にずれたところから始まっている。ここではそのことを論じるのが目的ではないので詳しい言及は避けるが、この書物は日本の優越性を自国民に向けて声高に唱えるためにではなく、当時の世界標準に合わせた形式の歴史書を東アジアの共通書記言語（漢文）で書き記すという、きわめて国際性に富んだ発想から企てられていた。

『大日本史』編纂に限らず、光圀の施策は日本を文明化・世界標準化するという使命感に貫かれている。その一つが、ここでの主題に関わってくる、殉死の禁止であった。

当時、主君が死ぬと何人かの家臣が殉死（追腹《おいばら》）するのが当たり前だった。何人追腹したかを競う風潮があったというから、それによって自主的にではなく他律的にやむなく切腹する者も多数いたことと推測される。周囲から「所当行」と思われた以上は、当事者がそれを行わずに回避するのは「志士仁人」にあらざる卑怯者の所行とみなされたであろう。

寛文元年（一六六一）、光圀の父が死去する。その直後、彼は追腹したがる家臣たちにみずから説得を試み、これをやめさせる。そして、そのことを水戸藩の常法として定式化した。この行為はただちに他藩に波及し、保科正之（会津藩）・鍋島光茂（佐賀藩）が同じ年のうちに藩内での追腹を禁止、二年後には幕府の法令として全国に通達された。

ここで注目されるのは、光圀はもとより正之や光茂が朱子学を愛好する大名だった点である。すなわち、彼らの殉死禁止令は儒教精神に基づくものだったのだ。実際、その後、儒者たちが説く武士道の書物では、追腹は命を無駄にする行為として批判的に言及される。忠義の対象は君主個人ではなく、「お家（＝藩）」という組織になった。

このことをその一例として、江戸時代に朱子学が浸透していく過程で、江戸時代にふさわしい武士道が造型された。通常、これを「士道」と呼び、追腹主義の武士道と区別することが多い。そして、山鹿素行のような儒者たちが説く「士道」に対抗する後者の原理を最も典型的に示したものとして、佐賀藩に伝わった『葉隠』を挙げるのが普通である。『葉隠』が「鍋島論語」と呼ばれたという伝承付きで。

わたしにはその当否を実証的に判断する知識はないのだが、両者の相違はそう言われるほど大きいようには思えない。『葉隠』といえども藩主光茂による上述の追腹禁止措置を前提としての武士の生き方を説いており、有名な「武士道といふは死ぬことと見付けたり」という文だけが一人歩きしている観がある [10]。

このほかにも、仏教寺院の淘汰を実施するなど、光圀率いる前期水戸学は、日本を儒教という世界標準に合わせて文明化する運動として出発した。後期水戸学においては国学などとの融合によって自民族中心主義になることはたしかだし、そうなる芽はもともと「行の哲学」であった前期水戸学にすでに胚胎してはいただろう。だが、そのことをもって遡及して水戸学全体を性格づけてしまうのは、思想史的に妥当な見解とは言いがたい。むしろ、当初は、野蛮な武士を馴化して平和な時代に適応するように作り替える役割を果たしていたことにもっと注目すべきかと思われる。そして、そのことは「武士道」をどう捉えるかという問題にもつながっている。

明治の「武士道」と死生観

この節の武士道が『』でなく「」なのは、単に新渡戸の問題に限定することなく、当時一般に表象されていた江戸時代以前の武士道がどのようなものだったかを問題にするためである。つまり、ここでは江戸時代以前に実在した武士道を論じるのではなく、あくまでも明治人の眼に映じた括弧つきの武士道を俎上に載せてみたい[11]。

明治三十八年(一九〇五)に三冊からなる叢書が刊行された。その名も『武士道叢書』と題されたこのシリーズの筆頭編者は、東京帝国大学の教授だった井上哲次郎。有馬祐政との共編である。当時、ちょうど日露戦争の戦勝が確実になった状況下であり、そのことへの誇りが井上たちを鼓舞していた。数年前から始まっていた武士道ブーム——新渡戸の『武士道』もその一環と言ってよかろう——に乗って、このような叢書が企画編集された理由はそこにある。

本書は日本古来の武士道関連文献のアンソロジーとして編まれ、巻頭を飾るのは明治十五年(一八八二)の「陸海軍軍人に賜はりたる勅諭」、いわゆる軍人勅諭である。そして、中扉に大伴家持の有名な「海ゆかば」の歌を載せ、天皇・公家の宝訓・忠訓を列挙したのち、儒者を中心とする著作からの抜き書きが並ぶ。

その先頭を飾るのは、中江藤樹・熊沢蕃山《くまざわばんざん》の陽明学師弟。山鹿素行・貝原益軒・大道寺友山・室鳩巣《むろきゅうそう》が続く。ここでそのいちいちを紹介する暇はないが、「死」ということに関して限定していえば、『武士道叢書』が掲載する文章は、追腹や喧嘩で命を落とすことを「犬死に」とし、命を惜しんで忠義に励むことこそ正しい武士の道として推奨する見解で一貫している。

もちろん、これは編者たちの好尚・選択がなせるわざであり、江戸時代の平均的な武士道論とは言いがたい。ただ、だからこそ、明治以降の日本においてどのような武士道が推奨されたかという証拠として、貴重な史料であるともいえる。新渡戸稲造が西洋人向けに描いて見せたのとはまた異なった、明治の当局者たちが自国民に刷り込みたかった「武士道」の姿がここにある。『武士道叢書』を見て感じることは、もとの著作者たちの執筆動機と井上たちの編集意図との齟齬である。元来、江戸時代の儒者たちは、彼らの周囲に儒教倫理を浸透させるために、「犬死に」を戒める訓話を垂れていた。それは彼らが当時の常識を代表していなかったことを示している。むしろ彼らは少数派であり、そうであるからこそ、声を大にして文明化された儒教的な武士道を説いていたのだ。ところが、井上たちにとって、『武士道叢書』に収録された文献は江戸時代の武士道の姿を伝える資料として、日本の精神文化の伝統を誇る素材として編集されている。つまり、そこには、かつて習俗としては実在しなかった「武士道」が、あたかも存在したかのように、そうした「武士道」を語る儒者たちの文章を列ねることによって構築されている。江戸時代の実相とは別個に、明治時代になって作られた武士道がそこにはある〔12〕。

梁啓超、蔣介石、そして紀平正美

明治時代の日本で作られた武士道が、今度は中国に伝わる。改革運動に失敗して日本での亡命生活を送っていた梁啓超は、その名も『中国之武士道』という本を編集・出版する。巻末には一九〇四年十月一日という日付が記されており、これも日露戦争中にできた書物であることがわかる。

凡例第二条で梁啓超自身が言うとおり、「武士道」という語は中国語には存在しない。それは「日本名詞」であり、日本人のいう「大和魂」と同義だとされている。自叙によれば、「西洋人や日本人がいつも『中国の歴史は武ならざる歴史だ』『中国の民族は武ならざる民族だ』と言っている」ことに憤懣やるかたなく、中国民族ももともとの天性は「武」であったことを証明するために編んだもので、本書には総勢五十名ほどの「中国之武士」が列伝体で紹介されている。その巻頭を飾るのは儒教の開山祖師である孔子その人。以下、『史記』などの古典に事績の見える人物が続く。

だが、「中国之武士」の系譜は漢代の前半で途絶えてしまう。梁啓超自身それを「武士道の消滅」として認め、遺憾なこととする（「凡例」）。外国人が言うように、たしかに「不武」は中国民族の第二の天性なのだ。それは時勢・地勢・人力のいたすところだと、梁は言う（「自叙」）。

巻末の評論で梁は、専制政府のもと、尚武の政策が採られなかったことに武士道消滅の理由を求めている。つまり、日本では近代に明治維新を起こす原動力となった武士道が、中国では漢代にはすたれてしまったというわけだ。もちろん、彼にとってはこの失われた天性の恢復が中国を救うために必須の事柄であり、そのために、かつてあった精神文化の遺産をあらためて顕彰しようというわけである。

このことを逆に眺めてみるならば、彼の言う「武士道」を野蛮なものとして葬り去ったのは、漢王朝の儒教国教化政策であったということになろう。日本で江戸時代の儒者がたびたび言及するように、「中国は文、日本は武」というステレオタイプな図式が、巷間に広まっていた。日本の儒者たちはそれを批判して、「文と武は両方必須であり、したがって日本の武士はもっと〈文〉を修めねばならない」と説いて儒教の必要性をアピールしていた。梁はこれと逆に、「中国にも武が必要だし、実際、かつては存在したのだ」という説き方をしている。その場合、悪役は儒教が作り上げた「専制政府」ということになろう。

と言って、彼は儒家思想を全面否定するわけではない。もともとの儒家思想は「武士道」と親和的であった証拠として、巻頭に孔子を武士道の実践者として掲げているのだ。『論語』や『中庸』が知・仁・勇の三つの徳を並記することを、彼は孔子が尚武精神を提唱した証拠として挙げている。

このように、梁はもともとの儒家思想（孔子・子思・孟子の思想）と漢代になって国教として専制政府を助ける機能を果たした儒教とを区別し、前者に中国精神文化本来の正しい姿を見いだして再興させようと試みている。この図式は、梁に特有のものでなく、彼の影響もあってか、近代西洋文明に接したあとの、二十世紀の中国知識人に広範に見られる考え方であった。

梁は康有為《こうゆうい》の弟子として朱子学・陽明学には批判的であり、その中に武士道精神を見ようとはしていない。この点で、日本における江戸時代以来の儒教的武士道論とはねじれた関係になっている。日露戦争の勝因を日本に根付いた儒教的武士道に求める見解が井上哲次郎によって説かれ、また、西洋のキリスト教に比肩しうるものとして陽明学に支えられた武士道を顕彰する新渡戸稲造や内村鑑三がいるのに対して、梁は漢代以降の儒教を「不武」なるものとして斬って捨てているのだ。

梁のこのような見解と対立する形で、日本での陽明学顕彰をそのまま持ち込んだのが、蔣介石や彼のブレーンたちであったと位置づけることもできよう。蔣介石は出身地が王守仁と近いことから、もともと陽明学に対する親近感を持っていたと推測できる。ただ、やはり、彼の陽明学びいきには、彼自身の日本陸軍での経験や、浙江省出身在日留学生の雑誌『浙江潮』における王守仁顕彰の動きが作用していたと想像することが許されよう。あるいは、何度も死地に置かれた彼自身の体験もそう作用したのかもしれない。彼が説く「行の哲学」は、陽明学の教説「知行合一」によって根拠づけられていた。明治時代の武士道論と、それは見事に合致している。蔣介石のブレーンのなかには、徳川光圀に影響を与えた亡命学者朱舜水を朱子学と陽明学とを折衷させた学者、日本に陽明学を伝えた人物として評価しようとする者もいた[13]。水戸学と陽明学とは、(吉田松陰のみならず)ここでもつながることになる。

皮肉なことに、その蔣介石政府(重慶政府)と敵対し、日中両国を泥沼の戦争に引きずり込んでいった、「大日本帝国」政府肝いりの学術組織「国民精神文化研究所」を率いていた紀平正美は、禅仏教とともに陽明学への愛着を持つ人物だった。

紀平は日本最初の本格的なヘーゲル研究者であり、ヘーゲル哲学の弁証法理論を活用して「国体」を奉じた右翼イデオローグであった。今や『哲学・思想事典』にも『広辞苑』(どちらも岩波書店刊）にも載らない忘れられた思想家だが、かつては大きな影響力を持っていた。

その主著の一つが『行の哲学』（大正十二年〈一九二三〉である（皮肉を言えば、岩波書店から刊行されている）。その基本的骨格はヘーゲル風に西洋哲学の流儀で構成されているが、随所に仏典や儒書が引証され、知行合一による「行」の力を高らかに宣言している。蔣介石思想との比較検討に値するものであろう[14]。

おわりに

後半、武士道論に重点が偏りすぎたため、はなはだ粗雑なまとめ方になってしまうが、以上概観してきたところから窺えるのは、「殺身」の行為が、やむにやまれぬ心情に発するものとして朱子学・陽明学で積極的に推奨されながらも、他方で社会秩序の安定性を尊ぶ立場からこれが穏健化・馴化されていくベクトルも存在したことである。ただし、その馴化とは、その言説を発する者にとって都合のよい馴化であり、したがって体制順応的な傾向を帯びる。忠誠の対象が既存の組織なり、「国体」のように曖昧模糊とした創られた伝統なりに転化・昇華される場合には、「殺身成仁」の内容は「お国のために死ぬこと」とほとんど同義語の、ダークサイドへの転落に堕してしまう。

そもそも、王守仁において、政治弾圧による生命の危機が思想転化の契機であった。生と死に対する真摯な考察も、こうした個人的体験を通じて実っていったものである。そう考えてみると、彼のような「体験」を持たないわたしがあれこれと批評するのは、朱熹が厳しく戒めた「躐等」行為にほかなるまい。「未だ生を知らず、いずくんぞ死を知らん」。

注

【1】加地伸行訳注『論語』（講談社学術文庫、二〇〇四年）、二四九～二五〇頁。

【2】注［1］前掲書の該当個所に言う。「孔子は霊魂や死について強烈な関心を有している。従来の〈孔子は死について無関心〉という観点では、『論語』のみならず、儒教について理解することはできない」。また、以下の記述は、加地氏の別著『儒教とは何か』（中公新書、一九九〇年）による。

【3】そもそも、荻生徂徠は朱子学を逆の立場から批判していた。彼の目には、朱子学は陽明学とともに内心偏重の誤った教説として映っており、それに対するに、孔子本来の儒教は礼楽という外面的・形式的なものを根幹に据えたものだった。ただ、わたしは、徂徠のこの見方も朱子学に対する偏見だと考えている（拙稿「二つの心――朱熹への批判」『日本中国学会報』五七集、二〇〇五年）。

【4】注［3］と同工異曲でくどくなるが、朱子学が「知先行後」だというのも、批判者の眼にそう映じた虚像にすぎない。もちろん、朱熹の教説そのものにそういう傾向があるのはたしかだが、ほとんどの朱子学者は自分たちのことを「知先行後」だと考えてはいない。朱熹が敬愛した先輩である程頤の所説として、彼らも知と行の一致を信条としていた。

【5】このこと自体はすでに多くの論者が指摘していることである。それらをまとめてわかりやすく提示しているものとして、大橋健二氏の以下の諸著作を参照されたい。『救国「武士道」案内』（小学館文庫、一九九八年）、『良心と至誠の精神史――日本陽明学の近現代』（勉誠出版、一九九九年）、『中江藤樹・異形の聖人――ある陽明学者の苦悩と回生』（現代書館、二〇〇〇年）。

【6】もちろん、一方で、大塩自身によって次のような発言がなされているから、彼を陽明学という枠組みに固定して考えることの危うさを指摘することもできよう。その発言とは、弟子の「先生の学問は陽明学ですか?」という質問に対して、「いやそうではない。……しいて名づければ孔孟学と言おう」と答えたものである（該当個所は宮城公子氏の現代語訳で『大塩中斎』〈中央公論社、日本の名著二七、一九

七八年の四〇五頁に収録されている）。だが、この言述は、陽明学自体が孔子・孟子の教えの正しい後継者として位置するという大塩の見解の表明であり、彼がそこに連なっているという意識の披露でもある。

【7】そして、この三島事件の時も、三島の陽明学理解の誤りを指摘する形で陽明学に親近感を抱く学者たちが文章をものしている。わたしは学術的にはそうした見解に賛成だが、それは「三島の陽明学理解は中国明代の陽明学者たちのものとは異質だ」というだけのことで、三島が（そして大塩が）陽明学を自分の思想資源として決起に及んだことはまぎれもない事実であり、そうである以上は、陽明学の日本的理解のなかに、彼らをそう赴かせた種があることを見逃すべきではなかろう。本稿をシンポジウムで発表したのち、シンポジウムに出席していた溝口雄三氏がまとめた「二つの陽明学」（中公クラシックス『王陽明　伝習録』〈二〇〇五年〉に収載）を参照。なお三島が武士道を象徴するものとして「殺身成仁」という語を好んでいたことを付言しておく。

【8】大橋健二氏は注［5］前掲『中江藤樹・異形の聖人』において、ヤスパースのいう「限界状況」という観点から両者の共通点を指摘している。氏によれば、そもそもヤスパースの陽明学への親近感も彼自身の個人的経験に由来するという。

【9】戦後の江戸思想史研究の枠組みとして作用した丸山真男『日本政治思想史研究』（東京大学出版会、一九五二年）は、伊藤仁斎・荻生徂徠・本居宣長の三人に主人公としての地位を与え、水戸学は旧体制の思想である朱子学の一派としてほとんど顧みられていない。このことは、実は陽明学についても同様で、丸山が陽明学に言及しないことの問題性は、上述した三島由紀夫「革命哲学としての陽明学」も指摘している。仁斎学や徂徠学の重要性を否定するつもりはないけれども、江戸時代の人々の思想世界を支配したのは、仁斎・徂徠といった巨人の思想体系そのものではなく、彼らを含めた儒者たちが説く倫理道徳教説だった。その意味で水戸学はもっと――陽明学以上に――注目されてしかるべきである。近年は水戸学への研究も進み、たとえば子安宣邦『国家と祭祀――国家神道の現在』（青土社、二〇〇四年）が明治の国家神道との関わりから取り上げている。

【10】この一文が『葉隠』全体を代表するものでないことは、三島由紀夫によっても指摘されている（「『葉隠』とわたし」、『三島由紀夫文学論集』〈講談社、一九七〇年〉所収）。通常、三島事件は葉隠武士道との関係で論じられることが多いのだが。なお、三島には『葉隠入門』（光文社、一九六七年）という著作がある。

【11】なお、戦国時代の武士道が江戸時代に形成された武士道といかに異なるかについては、菅野覚明氏の『よみがえる武士道』（PHP研究所、二〇〇三年）などを参照。

【12】もちろん、江戸時代と一口に言っても初期と末期とではかなり様相が異なり、しだいに儒教的な武士道が浸透していったことは事実である。だが、それにもかかわらず、幕末に近い時期の文献でも、世間一般の風潮に対して「正しい武士道」のありようを宣揚

していることは、それが必ずしも常識ではなかったことを示していよう。

【13】陶希聖が「朱舜水が日本に陽明学を伝え、その精神が明治維新をもたらした」と述べている。石原道博『朱舜水』（吉川弘文館、一九六一年）にその紹介がある。また、注【5】前掲の大橋健二『中江藤樹・異形の聖人』に、その石原氏の文章の引用がある。そして、朱舜水も王守仁・蔣介石と同じく浙江省出身であった。

【14】本稿の趣旨から逸脱するので、ここで注記するだけにとどめておくが、明治時代後半におけるカントやヘーゲルといったドイツ観念論哲学の積極的受容の背景に、陽明学顕彰運動、「行の哲学」への憧憬の潮流があったとわたしは見ている。つまりは、プロテスタント的キリスト教受容と同じ構造が見られるということだ。紀平のようなヘーゲル主義者についてはそれが見えやすいし、哲学の開祖というべき井上哲次郎はもとより、西田幾多郎にも陽明学の影がちらつく（西田については、大橋健二氏の注【5】前掲『良心と至誠の精神史』を参照されたい）。カント学者のあいだでも、天野貞祐が述懐しているように、純粋理性よりも実践理性を好む風潮が見られたという。ドイツ仕込みの新カント学派の立場を固守する桑木厳翼は、その幅広い活動にもかかわらず、愛弟子だった天野ですら離れていくように後継者に恵まれなかった。

太平記、宋学、尊王思想

児島高徳の十字の詩

文部省唱歌「児島高徳」

私が読んだ最初の『太平記』は、子供向けの世界文学全集に収録されたものだった。当然、分量を大幅に縮小し、叙述も簡略化してあった。それでも歴史好きの少年を感動させるには充分で、何度も繰り返し読んだ記憶がある。

そのなかで、とくに児島高徳《こじまたかのり》の院《いん》ノ庄《しょう》の逸話が強く印象に残った。理由は単純で、（漢字こそ違え）同姓の人物だったからである。歴史上、コジマ姓の有名人というのは他におらず、フジワラをはじめとする「有力氏族」に対して敵愾心と劣等感を持っていた。高徳殿は私の偶像だったのである。当時はまだ知らなかったが、『太平記』作者が「小島法師」とされていることは、いまもなおこの作品に愛着を持ち、ついにはこんな原稿まで引き受けてしまうにいたる最大の個人的理由である。

あるとき、父方の祖母を訪ねたときに『太平記』の話題になるや、かつて「大日本帝国臣民」であった彼女は音吐《おんと》朗々《ろうろう》、一曲の歌を口ずさみだした。今では忘れられた文部省唱歌「児島高徳」である。この曲は大正三年（一九一四）刊行の『尋常小学唱歌』にはじめてみえるという（堀内敬三・井上武士『日本唱歌集』岩波文庫、一九五八年）。祖母は明治三十八年（一九〇五）の生まれだから、この唱歌のいわば一期生ということになろう（ちなみに、彼女は祖父と知り合うまで小島家とはなんのゆかりもない）。

船坂山《ふなさかやま》や杉坂《すぎさか》と
御《み》あと慕《した》いて院《いん》の庄《しょう》、
微衷《びちゅう》をいかで聞《きこ》えんと、
桜《さくら》の幹《みき》に十字《じゅうじ》の詩《し》。
「天勾践《てんこうせん》を空《むな》しゅうする莫《なか》れ。
時《とき》范蠡《はんれい》無《な》きにしも非《あら》ず。」
御《み》心《こころ》ならぬいでましの

御袖露《みそでつゆ》けき朝戸出《あさとで》に、
誦《ずん》じて笑《え》ますかしこさよ、
桜の幹の十字の詩。
「天勾践を空しゅうする莫れ。
時范蠡無きにしも非ず。」

その時、ひととおり歌い終わって、祖母が尋ねたのだ。「ジュウジノシっていったいなんだい？」と。

すでにくだんの少年向け『太平記』愛読者だった私は、即座にその謎解きをしてやった。「天莫空勾践、時非無范蠡」という十字の漢詩のことである、と。勾践《こうせん》と范蠡《はんれい》の人物紹介も付けて（八九頁参照）。

「そうかい」と祖母はほほ笑んで孫の目を見つめた。四十年以上も昔のことだが、今もその光景を鮮明に思い出す。

いきなり私的な回顧談で始めてしまったが、本章はこの「十字の詩」に関する、儒教史を専攻する立場の者からの小論である。

院ノ庄と会稽の恥

四十年前の少年小島毅は歌詞を漢字に直して「十字の詩」だというだけで何も疑問に思わなかったが、中国文化を職業的に研究する立場にある今は疑念を持たざるをえない。「これは詩と呼べるのか？」と。

漢詩の最短形式は四句からなる五言絶句で、五×四、二十文字を要する。高徳が桜の幹に書いたのはたった十文字だから、しょせんは対句にすぎないのではないか？

『太平記』原文にはこうある（以下、本章では『太平記』の引用には新潮日本古典集成本を用いる。この底本は慶長八年〈一六〇三〉古活字本。巻四の該当箇所「備後三郎高徳が事、付けたり、呉・越軍の事」はその一七五頁以下）。

君の御座ある御宿の庭に大きなる桜木有りけるを押し削りて、大文字に一句の詩をぞ書き付けたりける。

そう、たしかに「一句の詩」と表現している。しかし、通常、詩を教える量詞は「首」であろう。句は首の下の単位に使う。やはり、これは、これだけでは詩ではあるまい。唱歌が「十字の詩」と今度は文字数を形容句に用いて表現してみても、その過誤は隠蔽《いんぺい》しきれないのだ。『太平記』本文ではこのあとも当該場面でこの一句を「詩」と呼び続けているが。

そもそも、この「詩」がどういう経緯でここに現れたかが問題なのだ。『太平記』は、この「詩」の出現を「待ってました」とばかりに、「そもそもこの詩の心は」と始めて、延々と勾践・范蠡主従を主人公とする「会稽《かいけい》の恥《はじ》を雪《すす》ぐ」の故事を語っていく。その分量はこの場面が属する巻四の過半を占めており、笠置《かさぎ》陥落で始まった後醍醐《ごだいご》受難の本筋はどこへやら、「詩」の書き手の児島高徳もどこかに打ち捨てて、作者（小島法師？）は春秋時代の呉越《ごえつ》抗争の物語に熱中していくのだ。まるで院ノ庄での出来事は、本線から逸脱するこの挿話のために物語られているかのようだ。

『太平記』にはしばしば同様の中断が見られるが、ここの挿入は量的に異常である。しかも、こうした来歴譚は、一般には本筋での登場人物（西暦十四世紀の日本で活躍した人物）が中国古典をふまえた言動をおこなったときの謎解きとして語られる。

眉間尺の挿話との違い

例を一つあげれば、巻一三で、足利直義《あしかがただよし》が淵辺《ふちべ》伊賀守（その苗字は、現在JR横浜線の駅名にもなっている相模原市淵野辺に由来する）に命じて兵部卿宮《ひょうぶきょうのみや》（大塔宮護良親王《おおとうのみやもりよし》）を殺害させる場面で、剣先を喰いきったままの兵部卿宮の首を「こうした首は主人に見せないものだ」と淵辺が判断して藪に捨てた理由の説明に、「そもそも淵辺が宮の御首を取りながら」と語り始め、眉間尺《みけんじゃく》の故事を長々と挿入する。眉間尺とは、恨みを呑んで死んだ者の首が仇に食らいついてその命を奪ったという中国の故事である。つまり、この場合の故事紹介は、直義に仕える坂東武者淵辺が、せっかく取った宮の首をなぜ機転をきかせて捨てたのかを説得的に示す必要な作業であった。こうして淵辺が首を捨てたからこそ、宮お付きの南の御方（藤原保藤女）が藪のなかから棄てられた首を拾って嘆く場面が成立するのである。歴史的事実として護良の首がどうなってしまったのか、この直後に足利軍は北条時行《ほうじょうときゆき》に逐われて鎌倉から退去するから、そのどさくさに紛失してしまった可能性も考えられ、『太平記』作者（くどいようだが、小島法師？）の文節によって美しい恋愛悲話となって文学的に昇華させられている。結論づければ、淵辺は眉間尺を知っている必要があったし、その謎解きを読者に対しておこなう必要もあったのだ。

それに対して、院ノ庄の児島高徳の話柄《わへい》のうしろに付けられた呉越抗争の逸話はあまりにも壮大な道草である。

そもそも、ここで高徳が「十字の詩」を後醍醐帝に示すべき物語的必然性は何もない。

この詩の意味は「陛下を救おうとする者はまだおるのですから、どうかおからだをお大切になさってください」に尽きるが、今さらそんな心配をしなくても後醍醐帝は大丈夫である。彼が流刑地隠岐《おき》で世をはかなんで命を縮める心配は、『太平記』が描く彼の性格からしてありえない。それに、すでにこれに先だって、巻三のかの有名な夢告によって楠木正成《くすのきまさしげ》を召しだした場面で、正成から「正成一人いまだ生きて有りと聞こしめされ候はば、聖運つひに開かるべしと、おぼしめされ候へ」と「たのもしげに」いわれているのだから。高徳の所行はいかにも取って付けた感じがする。

しかも、備前《びぜん》児島の地侍ごときに「詩」が即座に作れるのか、という大問題がある。これを一つの理由に、歴史学者重野安繹《しげのやすつぐ》は、明治二十三年（一八九〇）に史学会にて「児島高徳考」なる講演をおこない、彼を架空の人物として抹殺した。

すでにこれに先だって、重野は明治十七年（一八八四）に東京学士会院での講演で「世上流布の史伝多く事実を誤るの説―『日本外史』の批判―」と題して、『大日本史』↓『日本外史』ラインの江戸時代の史書を批判していた。これは重野の考証学的学風が、朱子学的大義名分論を前面に押し出すこれらの史風と相容れなかったことを示している（日本にドイツ実証史学を移入したルートヴィッヒ・リースの来日は、それよりあとの明治二十一年〈一八八八〉であった）。重野の所説は学界では重きをなし、児島高徳の院ノ庄での活躍は歴史的事実ではないとみなされるようになった。戦後、皇国史観への批判が強まると、その側面からも児島高徳という人物はますます肩身の狭い思いをさせられていく。

こうした学界の動向に気を遣ったか、吉川英治の『私本太平記』では、詩の作者は高徳ではなく、彼が随行していた「大覚ノ宮恒性親王」（後醍醐の実弟にして養子という設定）であることにしている。吉川が描く児島高徳は無学な地侍で、鎌倉方の護送の武士たち同様、字は読めても詩の意味はわからないのであった。

『太平記』の本筋からはここに挿入する必要のない「十字の詩」の逸話と、それに付せられたあまりにも長大な越国の故事物語。「小島法師」が児島高徳の縁者、あるいは本人であろうとする推定もなされている所以《ゆえん》である。部外者たる私にこの問題に文学史的文脈で答えるすべはない。以下で問題にしたいのは、呉越抗争の話柄がここに挿入されていることの意味、そして、高徳がこの詩を書いた（ことにした）ことの意味である。

中国呉越抗争の記録

児島高徳が詩の典拠として用いていた勾践・范蠡主従は、西暦紀元前五世紀、中国春秋時代の越の国の人物である。いわゆる呉越の抗争であり、敵役《かたきやく》は呉王の夫差《ふさ》であった。その攻防は司馬《しば》遷《せん》『史記』の呉太伯世家と越王句践世家とに記されている。（太伯は周の文王の伯父で呉国の開祖、句践は勾践のこと）。ただし、『太平記』はそれよりのちの編纂物である『呉越春秋』などにも依拠しており、かならずしも『史記』に直接もとづいているわけではない。

『史記』では夫差の父が越との戦いで落命することから説き起し、いったん父親の仇を討った夫差が安逸を貪り驕奢にふけったために、ついに勾践にしてやられるという筋書きになっている。だが、『太平記』ではすでに強大な勢力を誇る夫差に対して、勾践が范蠡の諫めを聞かずに無謀な戦争をしかけたところから話を始めている。

ともあれ、呉に敗れた勾践は大夫《たいふ》種《しょう》の機転で夫差から助命されるが、呉の都姑蘇《こそ》（いまの蘇州）の獄につながれる。范蠡は勾践を勇気づけようと魚売りに扮して獄に近づく。

一行の書を魚の腹の中に収めて、獄の中へぞなげ入れける。勾践あやしくおぼして、魚の腹を開いて見たまへば、

西伯囚羑里
重耳走翟
皆以為王覇
莫死許敵

とぞ書いたりける。

范蠡が書いた漢文の内容は、かみくだいて言えば次のようなものである。「周の文王や晋の文公も苦難の末に成功しました。御身大切に」と。勾践には筆跡によってそれが范蠡のものだとわかり、「その志の程、哀れにもまたたのもしくも覚えける」によって、自分の命を大事にしようと思うのであった。その後、勾践は愛妻西施《せいし》を夫差にさしだすなどの艱難辛苦に耐え、夫差の忠臣伍子胥《ごししょ》が死罪になった機会を捉えて、ついに呉を滅ぼすことに成功する。降伏してきた夫差を勾践は助命しようとするが、范蠡がかたく諫める。「取る事無くんば、越またかくの如く害に逢ふべし」と。かくして夫差は会稽山のふもとで首をはねられた。

中国故事を共有する主従

その後、勾践は北方諸侯も討って覇者となり、范蠡は功成り名遂げたところで隠棲した。この長大な故事の紹介を、『太平記』は次のように結んでいる。

高徳この事を思ひなぞらへて、一句の詩に千般の思ひを述べ、ひそかに叡聞にぞ達しける。

つまり、高徳の院ノ庄でのふるまいは、范蠡が姑蘇で勾践を勇気づけようと魚の腹に仕込んだ「一行の書」の故事をふまえているのだ。『太平記』によれば、後醍醐はすぐさまその寓意を理解し「竜顔殊に御快く笑ませたまへ」た。このことは、単に高徳が范蠡の故事を知っていたというだけでなく、高徳が後醍醐帝もこの話柄を知っていて自分の行為の意味をすぐに理解してくれるだろうという想定に立っていたことを示している。

もちろん、院ノ庄の逸話は『太平記』作者の創作なのであるから、歴史上の人物としての後醍醐帝がそのことを知っている必要はない。ここで問題にしたいのは、後醍醐がほほ笑むように仕向けた、作者の意図である。後醍醐はなぜそれを知っていたのか。『史記』に載っているからだ、と読者は思われるかもしれない。公家にとって必須の教養であったこの漢籍に記載されている故事なのであるから、北条方の護衛の「武士どもは、あへてその来歴を知らず」とも、後醍醐がすぐに得心して当然であろう、と。

だが、話はそう単純ではない。姑蘇の獄での魚腹書のくだりは、『史記』には見えないからだ。むしろ、『史記』ではここに相当する場面として、会稽山に籠城する勾践に西伯（周の文王）や重耳（晋の文公）を引き合いに出して勇気づけたのは、大夫種だったことになっている。もし『史記』を典拠とするのであれば、高徳の詩の第二句は「時非無大夫種」でなければならない。実際、『史記』では范蠡とならんで、あるいはそれ以上に大夫種が活躍している。『呉越春秋』でも（そして『太平記』でも）敗れた勾践の命を救うために奔走するのは大夫種のほうである。ただ、この忠臣は呉を滅ぼしたのちにおこなった諫言が勾践の逆鱗に触れ、死罪をたまわっている。彼の悲劇と対比することによって、范蠡の出処進退の潔さ、明哲保身ぶりがいっそう際だつ仕掛けになっているのだ。范蠡は、勾践のもとを去る理由をいぶかる友人に答えて、勾践の人相から判断して、ともに逆境にあるときには仕えるべきだが、順調なときにそばで仕えるには向かない性格だと述べている。この捨てぜりふは、『太平記』では紹介されていない。

要するに、『太平記』が語る范蠡譚は『史記』の話柄とは微妙に異なっている。もう一度整理してみよう。

（1）勾践は「父祖のかたき」である呉を討とうとするが、范蠡は伍子胥《ごししょ》の存在など三つの理由をあげ、今はその時期でないと諫める。

（2）しかし、勾践は戦を挑み、敗れて会稽山で囚われ、姑蘇に幽閉される。
（3）范蠡は魚腹書をもって勾践を勇気づける。
（4）苦難を乗り越えて勾践主従は呉を滅ぼし、天下に覇を唱える。
（5）范蠡は隠棲し、余命をまっとうする。

これでおわかりであろう。この物語は、『太平記』前半（後醍醐が鎌倉幕府を滅ぼすまで）の筋書きと重なっている。院ノ庄のくだりは、（3）に相当する段階で、それゆえにここで児島高徳はみずからを范蠡になぞらえて「十字の詩」を献じているのだ。

故事とのリンク

したがって、本筋から逸脱して長々と語られるこの「異朝」の物語は、実は『太平記』の本筋そのものをなぞり、あらかじめその大団円までを予告する作りになっているのである。建武《けんむ》の中興が成り、恩賞をうけた児島高徳が、その禄を打ち捨てて出家遁世して法師にでもなったならば、まさしく范蠡と重なる人生を送ることになっただろう。もしかしたら高徳（＝小島法師）は、みずからが理想としていた人生を、自身の語る物語の巻四であらかじめ語ってみせたのかもしれない。もちろん、歴史はこうは進まず、建武の中興はすぐに破綻してしまうのだが、それは『太平記』中盤、建武一統が崩壊していく過程として語られるわけである。と、これは日本文学の専門家ではない私の妄想で、実証的ではないのでお忘れいただいてかまわない。ここで指摘しておきたいのは、勾践の挿話が後醍醐の人生を過去に投影したものになっていることである。

すなわち、この巻四の長大な挿話は、上で紹介した眉間尺の挿話などとは質的に異なるということだ。これは単なる挿話ではない。『太平記』巻一から巻一一までの全体を凝縮した筋書きの「異朝」バージョンなのである。元弘《げんこう》二年（一三三二）三月なかば、京から隠岐へ移送中の後醍醐を見舞った高徳の「十字の詩」は、この「越王」がやがては「呉」（＝鎌倉幕府）を滅ぼすだろうことを予祝していたのである。

児島高徳の抱負

志士仁人たらんとして

ところで、そもそも児島高徳は院ノ庄まで何をしに行ったのか？『太平記』は、そこまでまったく出てこなかった高徳を、後醍醐の隠岐移送のくだりで突然登場させる。笠置挙兵に馳せ参じるつもりが間に合わずに歯がゆい思いをしていたが、ちょうど地元を移送の一行が通ると聞いて一族にこう語るのだ。

志士・仁人は、生を求めて以つて仁を害すること無し。身を殺して仁をなすことありといへり。……義を見てせざるは勇無し。いざや臨幸の路次に参り会ひ、君を奪ひ取りたてまつて、大軍を起し、たとひ尸《かばね》を戦場に曝《さら》すとも、名を子孫に伝へん。

「志士仁人」云々も「義を見てせざるは」云々も、どちらも『論語』にみえ、前者は衛霊公篇、後者は為政篇の句。途中の中略箇所には『貞観政要《じょうがんせいよう》』にもとづく衛の忠臣の故事が紹介されており、高徳は田舎武者に似合わず中国の古典に通暁した人物（＝「十字の詩」を作れるだけの教養を備えた人物）として造型されている。

そうなのだ。彼は後醍醐帝の身柄を奪還すべく、一族の兵を引き連れて山陽道で待ち伏せしていたのである。ところが、移送が別の道筋でおこなわれたために兵は散り散りになり、彼一人、辛うじて院ノ庄で一行に追いついて「一句の詩」を書き付けたという次第なのである。

前節で論じたように、これは作者がここで勾践主従の挿話を披露するための伏線にすぎないのだから、そのこと自体をとやかく述べてもあまり意味がない。やはりここでも注目すべきは、高徳のこの教養であろう。『論語』から引かれた孔子のことば、「志士仁人の殺身成仁」と「義を見てせざるは勇無きなり」である。

ここでまた、前節と同じ趣旨のことをいわねばならない。たしかにこれは『論語』の句であり、そうである以上、奈良・平安のいにしえからの公家社会の必須の教養にもとづいている。備前の田舎武者児島高徳が口にするのはいささか不自然ではあるが、取り立てて奇異なこととは見えない事項である。

太平記の宋学臭

しかし、なのだ。『論語』のなかでも、この二句がここで彼の口をついて出てきたということは、何を意味するのだろうか？

ここで、前節で疑問を提示するだけにしておいた、『史記』とは微妙に異なる范蠡像のことも合わせて解答しておこう。私は、ここに『太平記』の宋学臭を感ずる。

上述のとおり、勾践主従の挿話は『史記』というよりは、後漢の作とされる『呉越春秋』に多くを拠っている。ただ、それだけでもなく、そのままのかたちでの典拠を中国古典に探し当てられない部分がいくつもあるのだ。魚腹書のくだりもその一つである。

ということは、文献実証学的には「これは『太平記』の創作かもしれないが、不詳」とせざるをえない。私も新史料を発見したわけではない。だが、『太平記』作者が自分の力で、あの魚腹書を創作したのだろうか？　そう考えるよりは、当時日本に伝わっていたなんらかの文献にすでに見えたものを利用したと考えるほうが自然ではなかろうか。その方が、当時の読者たちに「ああ、なるほど」と思わせることにもなる。第二句末の「翟」と第四句末の「敵」はきちんと韻も踏んでおり、これが（全部で十八文字という変則的な形ながら）四句からなるれっきとした詩であることを示している。

『太平記』作者の学力では、范蠡が勾践に献じたのと同じ形式の詩は作れなかった。そこで児島高徳は、やむなく（？）簡略化した「十字の詩」しか後醍醐にお見せできなかったのである。その粉本は、おそらくそれ以前に中国で流行していた文芸作品であろう。

ここの挿話に夫差の謀臣伍子胥の事績を語った『伍子胥変文』が使われているらしいことは通説になっている。ただ、それがそうとわかるのは、この「変文」（これは文章のジャンルの名称）のテクストが伝わっているという偶然に助けられている。とするならば、范蠡にまつわる同様の文芸作品があったという想定も、むげに否定できまい。

中国文芸作品の伝来

この想定を補強する材料として、『十八史略』を挙げておこう。十八史とは『史記』から『宋史』にいたる歴代正史のことで、要するにその節略本として十四世紀に編まれた史書である。日本でも江戸時代から明治・大正にかけて、簡便な中国通史として広く愛読された。そのなかに『史記』にもとづく夫差と勾践の物語がある。題して「臥薪嘗胆《がしんしょうたん》」。

そうなのだ。読者諸賢も高校時代に漢文教材として学んだ経験がおありだろう。呉王夫差が父の仇である越に復讐するため、その志を忘れぬように毎晩薪の上で寝たのが臥薪。越王勾践が会稽の恥を雪ぐため、苦い肝をつるしておいて嘗めていたのが嘗胆。私たちには四字熟語としてお馴染みである。

ところが、もともと『史記』にこの四字熟語はない。厳密には、嘗胆のことは越王句践世家のほうに出てくるが、夫差が臥薪したとは書いていない。『呉越春秋』では句践ひとりが臥薪嘗胆したことになっている。夫差が臥薪したことにして句践の嘗胆と対に仕立てたのは、宋代の文章からだとされる。『十八史略』はこうした後世の文献をもとに、『史記』とは微妙に違った句践主従の復讐譚を再構成している。日本では一般にこのほうが有名になり、今でも高校教育の現場を借りて記憶の再生産がなされているわけだ。

ということは、『太平記』作者の頃、中国伝来の文芸作品のなかに、『史記』はもとより『呉越春秋』に比べても『太平記』に近い形の種本があった可能性が考えられよう。『太平記』作者（まちがいなく日本人）がこの逸話を創作したとみなすよりは、中国製の原話があったと見るほうが自然だと私には思われるからだ。その作品では范蠡を忠臣として仕立て、『史記』がいうような明哲保身からではなく、君主が夢を実現したことをもってみずからの身の引き際と考えて隠棲する姿が描かれていたのではないか。『太平記』作者は児島高徳をその范蠡に重ね合わせて描くことで、『太平記』巻一一における鎌倉幕府滅亡までの構想を先だってここに紹介することができたのである。

児島高徳の行動指針

言うまでもなく、『太平記』は史実としての「建武の中興」にもとづいている。作者が范蠡譚を重ねることができたのは、史実としての相似性による。ただ、後醍醐帝の討幕運動が成功したのは、本当に児島高徳のような忠義の臣下が全国至る所にいたからなのであろうか。

なぜ高徳は笠置に行こうとしたのか。そしてまたなぜ「志士仁人」たらんとして後醍醐帝奪還計画を練ったのか。『太平記』では、それが臣下として当然のこととして語られ、あえて説明されていない。事は楠木正成の出馬についても同様である。彼らはまさに滅私奉公の権化として後醍醐帝の理想実現のために奮闘邁進している。しかしながら、これが歴史的事実でないことはいうまでもない。彼らがそう行動した本当の理由は別にあったのだろうが、『太平記』はそれを語らない。代わりにその動機として持ち出すのが「志士仁人」性なのである。

「義を見てせざるは勇無きなり」。このイデオロギーを鼓吹していたのが、儒教の新流派、宋学であった。宋学、すなわち宋代に起こった新興諸流派は、相互に争った結果として朱子学という体制教学を生み出すにいたる。『太平記』のとくに巻一一「建武中興成就」までの記述が、この路線によっていることはあらためていうまでもない。巻四に挿入された、桁外れに長大な来歴譚は、この物語自体の構想と思想を表出するものとして重要な位置を占めているのである。「十字の詩」の逸話は、その語りだしのために必要な、物語作者による創作だったのだろう。

それにしてもその「詩」の書き手が物語本筋の主人公ともいうべき楠木正成ではなく、突然この場面に登場する児島高徳なる人物なのはなぜなのか？　作者「小島法師」説と絡めて考えれば、やはり、の思いはあるが、ひとまずここで私の雑駁《ざっぱく》な考察を終えておこう。

桜樹ヲ白ゲテ書ス

江戸時代、『太平記』は漢文史書編纂の基本史料として利用された。院ノ庄の出来事も歴史的事実と認定され、使われている。『本朝通鑑《ほんちょうつがん》』、『大日本史』そして『日本外史』。『太平記』が書かれた十四世紀段階とは比較にならぬ深度で朱子学を理解咀嚼していたこれらの書き手たちは、君臣間のあらまほしき姿を描く好個の事例として、児島高徳の事績を讃えている。

「天莫空勾践、時非無范蠡」。もともと全文漢字で書かれたこれらの史書では、何憚ることなくこの十字が引用されている。

幕府お抱え儒者の林春斎《はやししゅんさい》（羅山《らざん》の息子、鵞峯《がほう》のこと）が編んだ『続本朝通鑑』巻一二一、元弘二年三月庚寅条には「削庭上桜樹　書曰（庭上の桜樹を削り、書して曰く）、天莫空勾践、時非無范蠡」とある。なお、林家の手になる本書は皇統分裂の事実を事実として伝えるべく、このあたりでは後醍醐のことを「先帝」と表現している。また、徳川光圀（水戸黄門）が編纂を始めた『大日本史』巻一七〇の児島高徳の伝では「斫桜樹、白而書之曰（桜樹を斫《き》り、白げてこれに書して曰く）、天莫空勾践、時非無范蠡」とする。林家とは異なり、水戸学は南朝正統史観（戦前の皇国史観の源流）の立場を明確に打ち出しているので、こちらの書物では後醍醐は「先」字無しの（現役の）「帝」である。頼春水《らいしゅんすい》という高名な朱子学者の息子、頼山陽《らいさんよう》の手になる『日本外史』からの引用はのちほど。

これら漢文史書はすべて『太平記』をもとに院ノ庄の逸話を紹介している。ところが、なのだ。これら三書は十字の詩を引用する際、ただ単に「書曰」（もしくは「書之曰」）と記している。どこにも「詩」という字は見えない。漢詩の素養ある編者たちにとって、この十字を「詩」と称することだけは憚られたのであろう。

考証をそれなりに綿密にする『大日本史』は、くわえて興味深い注記を施している。高徳が書き記した樹木は、『太平記』の異本（天正《てんしょう》本）によると桜ではなく柳だというのだ。「天正本金勝院本、作柳（柳に作る）」（『大日本史』巻一七〇の双行注）。実際、小学館の新編日本古典文学全集五四（一九九四年）では「主上の御座ありける御宿の庭に大なる柳のありけるを削つて」とし、その頭注に「西源院本「桜之木」。諸本同じ」とする（一九四頁）。この底本は「水府明徳会彰考館蔵天正本」、すなわち、『大日本史』がいう「天正本」の現物にほかならない。

後醍醐帝の移送は旧暦三月なかばにおこなわれた。中国山地に位置する院ノ庄では、おそらく山桜の花が咲いていた時期であろう。『太平記』から受ける高徳の印象は、冒頭で紹介した文部省唱歌ともあいまって、「桜の花びらが散りゆくなかで筆をとる勤王の志士」である。いかにも絵になる。

桜という、武士道＝大和魂（日本精神）を象徴する樹木ほど、「十字の詩」にふさわしいものはない。十八世紀後半に活躍した本居宣長《もとおりのりなが》も、彼の有名な「歌」、靖国神社付設の遊就館に仰々しく掲げてある和歌に、こう詠んだではないか。

しきしまの 大和心を 人問はば 朝日に匂ふ 山桜花

文部省唱歌「児島高徳」の作者が、ことによると『太平記』原文以上に意識していたであろう頼山陽『日本外史』巻五「新田氏前記」は、この場面を次のように描いている。『日本外史』巻五は「北条氏滅亡ののち、新田氏興隆の前」という位置づけでこの名称が付与され、楠氏（楠木正成とその一族）をはじめ、北畠《きたばたけ》・菊池・名和《なわ》・児島・土居《どい》・得能《とくのう》といった宮方の諸氏がまとめて立伝されている。この配列は『大日本史』の巻一六九〜一七一を模している。『大日本史』では巻一七二が新田義貞《にったよしさだ》で、北畠親房《ちかふさ》は公家ゆえか別の箇所にあり、『日本外史』にない結城宗広《ゆうきむねひろ》が巻一七一に立伝されている。ただし、『日本外史』の記述は（『大日本史』のような紀伝体をとらずに）この巻に関しては年代順で、児島高徳はしたがって楠木正成の金剛山《こんごうさん》籠城の記述のあと、後醍醐が隠岐に移送される箇所で登場する。

原文はもちろん漢文だが、ここでは岩波文庫版の頼成一・頼惟勤訳『日本外史（上）』（一九七六年「改訳」版）の二八九〜二九〇頁を転載（ルビもそのまま）して書き下し版を引用する（「書き下し文」を「訳」と呼んでいることに注意）。

已にして帝の西遷《せいせん》を聞き、高徳、その衆に謂つて曰く、「吾れ聞く、志士仁人は、身を殺して以て仁を成すあり、義を見てなさざるは勇なきなりと。蓋《なん》ぞ要《よう》して駕《が》を奪ひ、以て義を挙《あ》げざる」と。衆奮《しゅうふる》つてこれに従ふ。舟坂山《ふなさかやま》に伏《ふ》して待つ。これを久しうして至らず。人を遣してこれを候《うかが》はしむ。曰く、「駕、山陰道《さんいんどう》に向ふ」と。乃ち間道《かんどう》より杉坂《すぎさか》に至れば、則ち已に過ぎたり。衆乃ち散《さん》じ去《さ》る。高徳《たかのり》悵恨《ちょうこん》去る能《あた》はず。乃ち服を変へ駕《が》に尾《び》して行くこと数日、一たび帝に見えて言ふ所あらんと欲すれども、間《かん》を得ず。ここにおいて、夜、帝の館《やかた》に入り、桜樹《おうじゅ》を白《しら》げてこれに書して曰く、「天《てん》、勾践《こうせん》を空《むな》しうするなし、時《とき》、范蠡《はんれい》なきに非《あら》ず」と。

さすが頼山陽。「桜樹《おうじゅ》を白《しら》げ」た光景が目に浮かぶではないか。『日本外史』の読者のなかからは、この美文調に洗脳されてみずから「勤王の志士」たらんとする者たちが輩出した。明治維新の思想的原動力として、この書物の功績（＝弊害）は無視できない。音吐朗々このくだりを訓読する声は、江戸幕府を倒す力になっていった（斎藤希史『漢文脈と近代日本』角川ソフィア文庫）。宋学という思想は「十字の詩」という挿話を創作させただけでなく、それらを通じて歴史を作ってしまったのである。『太平記』はその五百年後に尊王攘夷をめざす草莽《そうもう》の「志士」たちを大量生産するもととなった。

「彼ら」の宋学素養

南北朝時代に日本にいわゆる「宋学」思想がどの程度浸透していたかをめぐっては、諸説あっていまなお決着していない。私は、「宋学」を広義に考えて、「中国宋代に生まれた新思潮」とみなすべきだという立場をとっている。わかりやすく言うと、禅宗の伝来や五山文学の隆盛もこの潮流の一環なのだ。『太平記』の作者にはそうした素養がうかがえるし、読者に対してそれを伝え広めようという意図が見える。しかも、「彼」（もしくは「彼ら」）は、登場人物である後醍醐帝や児島高徳にも、その素養を要求している。

「宋学」思想の中核をなしているのは、『論語』をはじめとした儒教の経典に対する朱熹（＝朱子）の注釈体系であり、それが日本で禅宗寺院から独立して「儒者」によって研究・教授されるようになるのは、江戸時代になってからである（上述した『続本朝通鑑』の林羅山・春斎父子は僧形で将軍家に仕えていた！）。その意味では、南北朝時代は「宋学以前」の時代だった。楠木正成や児島高徳の滅私奉公の忠誠心は、『太平記』作者が造型した宋学的人物像であり、虚構のものにすぎない。

しかし、『太平記』のような文芸作品を通じて、宋学の思想や主義主張は、学者・思想家の世界よりもずっと広範に浸透していた。そうした地盤があってはじめて、江戸時代の武士たちのあいだに楠木正成や児島高徳の生き方を理想とする考え方が定着したのであろう。武士道の誕生である。

鎌倉幕府を滅ぼして建武の「中興」を実現したのも、江戸幕府を滅ぼして明治の「維新」を成功させたのも、歴史的事実としては「宋学が説いた忠義の心」ではない。「忠義の心」にそこまでの神通力はない。忠義を愛国と一体化させようとしたところで、それはしょせんは虚構である。その意味で、戦前の学校教育が刷り込みを図った愛国心に、私は批判的である。しかし、単に批判すればよいという次元の問題ではないところにこそ、この問題の本質が存在する。（建武の中興はさておき）戊辰戦争での「官軍」大勝利の背景には、武士階層のあいだにおける尊王思想の普及があった。東海道や中山道を進軍する「官軍」兵士たちは、院ノ庄のくだりを頼山陽の名文によって暗誦できる人たちだったのである。東京九段にある、あの有名な神社が桜の名所であることと、これは深いところでつながっているのだ。

太平記と夢窓疎石

太平記の意図

小秋元段氏は、『太平記』の成立について次のような説を提示している。

婆娑羅大名がいずれも反直義派に属することを思えば、彼らへの批判が記事中でなされることは、『太平記』の編纂が伝統的な政道の確立に腐心し、婆娑羅禁止を布令する側のグループでなされたことをよく物語っている。そして、『太平記』の政道批評の記事の中に政道確立の思念のごときものを認めるのなら、結果として『太平記』は「建武式目」の主張する世界を具体的に描き出す一面を持っていたといえるかもしれない（小秋元段『太平記・梅松論の研究』、汲古書院、二〇〇五年、五六頁）。

宮方（南朝）か武家方（北朝）かという二項対立図式に対して、小秋元氏は室町幕府内部の直義《ただよし》派と婆娑羅《ばさら》派との対抗関係を重視し、建武式目と同じく『太平記』が直義周辺の人物によって婆娑羅批判を目的に書かれた可能性を指摘している。

たしかに、小秋元氏が例示する如く、「身には五色をかさり、食には八珍を尽のみかは、茶会酒宴に若干の費をいれ、傾城田楽に無量の財を与し」た婆娑羅の振る舞いは、「原太平記」の作者が厳しく指弾するところである（同書、五二〜五三頁より引用）。この観点からすれば、やがて幕府で生じた内訌が第三部前半の観応擾乱記事（小秋元氏の用語）として描かれることも得心がいく。「太平記、宋学、尊王思想」では巻一一の建武中興をもって大団円とする部分にのみ注目したが、その後に展開されるいわゆる第二部および第三部前半において、『太平記』の作者が建武政権の混乱と幕府内部の婆娑羅勢力とをあわせて批判的に描いた理由が了解できる。作者は一貫して直義びいきだったということだ。

小秋元氏は直義の政道に注目して議論を展開したわけだが、何故か、直義のそばにいた一人の重要人物に全く言及しない。夢窓疎石《むそうそせき》である。

正確には、前掲書のなかで一箇所だけ、彼の名が登場する。ただし、それは巻三三「三上皇自吉野出御事」、すなわち、南朝方に拉致されていた光厳・光明・崇光の三上皇が京に戻されてきた事件の段において、「本院・新院両御所」（異本では「本院」のみ）が夢窓の弟子になったとする記事においてである（二五七頁）。夢窓が主体として何らかの活躍をしたという言及ではない。

夢窓疎石（一二七五～一三五一）は鎌倉時代末期にすでに後醍醐帝や北条高時から重んぜられ、建武中興後は京に戻って尊氏・直義兄弟と親交を深めた政僧である。後醍醐崩御ののち、天竜寺建立を彼らに建白・実現したことでも知られる。『太平記』の文中にも何度か登場し、特に直義側近の妙吉《みょうきつ》侍者を直義に推挙したと記述される点で、幕府の内訌に間接的に関わっている。

長谷川端氏は、『太平記』が妙吉侍者の登場をどう描いているかについて考察するなかで、夢窓の関与について分析している。氏は西源院本巻二七（流布本では巻二六）を長文引用したうえで、次のように述べる。

ここには幾つかの問題点がある。第一に直義は夢窓国師の弟子といえるのかどうか、また直義が夢窓を受戒師としたのはいつか、天竜寺建立当時の信仰はどうであったか、という問題である。第二に、妙吉侍者は夢窓国師と同門の僧なのかどうか。第三に、志一房と細川清氏没落に関与した志一上人とは同一人物であるかどうか、また二人の関係はどうか。第四に、夢窓国師が妙吉侍者を直義に推挙したとあるが、それは真実かどうか。第五に直義の妙吉尊崇はどの程度のものであったか、等々である（『太平記――創造と成長』、三弥井書店、二〇〇三年、一六三～一六四頁）。

氏は玉村竹二氏の研究（「足利直義禅宗信仰の性格について」）によって、この時点での直義と夢窓の関係は尊氏と夢窓ほど親密ではなかったが、妙吉は高峰顕日門下として夢窓と同門であり、直義は妙吉を尊崇していたであろうと推論する。つまり、（夢窓に関係ない第三点は問わないとして）上記の設問はおおかた首肯できるという立場を示唆している。しかし、この文章が妙吉を扱う文脈であるためか、夢窓と直義との関係を掘り下げることはなされていない。ましてや、夢窓が『太平記』制作に関わったかどうかには言及されない。

小学館日本古典文学全集本（水府明徳会彰考館蔵天正本を底本とする）の巻二四「天竜寺建立の事」（第三冊、一六一頁〜一六三頁）によれば、夢窓は後醍醐帝の怨霊を静めて却って鎮護の神となすべく、尊氏・直義に天竜寺建立を勧めた（夢窓の名を挙げずに「あるひと」に作る異本もあるという）。『太平記』はその伽藍の壮大さと夢窓の設計になる庭園の風流ぶりを描写し、「成風の功終へて、この寺五山第二の列に至りしかば、惣じては公家の勅願寺、別しては武家の祈禱所とて、千人僧衆をぞ置かれける」と結んでいる。のちに尊氏の孫義満によって同寺は五山第一に指定されている（南禅寺が「五山之上」となる）から、この記述は『太平記』第三部撰述時点での格付けを表記していることになる。

夢窓は「七朝国師」と呼ばれる如く、大覚寺・持明院両系統の帝王七人から国師号を授かっている。「夢窓」号は光厳院からのものであり、『太平記』などがまさに「夢窓国師」と称することによって、この呼び方が後世に定着した。鎌倉末期、すなわち『太平記』がその物語を語り始める時点から、すでに令名あらたかで、時の権力者たちとも交流があったにもかかわらず、夢窓がこの天竜寺建立の場面ではじめて『太平記』に登場すること、しかも「夢窓国師」と呼ばれていることは、何かを示唆するように思われてならない。

直義政権の「政道」について言えば、夢窓は『夢中問答集』によって直義に為政者の心構えと政治の要諦を説いた人物として知られている。にもかかわらず、『太平記』第一部と第二部に彼は一切登場しない。黒衣の高僧は、黒子に徹して自分の姿を作品中に見せないかの如くである。

夢窓と宋学

夢窓は五山僧である。というより、彼の献策によって鎌倉を模して京都にも五山指定の寺院が置かれ、また、天竜寺などが創建されたわけで、彼こそが五山十刹制度の事実上の創設者といってもよい。彼が入寂してから三十年後の建立にもかかわらず、相国寺は名目上、彼を開山祖師としている。相国寺が、格付け上は南禅寺や天竜寺の下にありながら、事実上、室町幕府と最も密接な関係を持つ寺院であり、そこに置かれた塔頭《たっちゅう》鹿苑院の院主は僧録を兼ねてすべての臨済宗寺院を統轄した。そもそも、義満が転居増築した通称「花の御所」は、相国寺に隣接していた。修行のための寺というより、政治的寺院だったのである。その開山が亡き夢窓でなければならなかった理由も、またここにあるといえよう。

五山は宋制の模倣だった。十三世紀初頭、史弥遠《しびえん》という、二十六年間にわたって宰相を勤めた人物がいた。彼の家は父史浩（彼も宰相だった）の代から仏教庇護者として知られており、現在、わが国の大徳寺に伝わる五百羅漢図（一部は明治時代に米国に流出）は、史浩父子の故郷寧波《ニンポー》（当時の名称は明州・慶元府）の寺に地元の信者が納め、画中には史浩と思われる人物が描かれている。史弥遠は政府による仏教統制策を兼ねて、教（教学）・律（戒律）・禅（坐禅）という、宋において仏教の三つの種類とみなされていたそれぞれについて、インドの五精舎にちなんで代表的な寺院を五つずつ指定する。これが五山であり、そのうち禅院は三寺が南宋の臨時首都だった杭州（当時の名称は臨安府）に、二寺が彼の故郷で国際貿易都市でもあった寧波に置かれた。道元が入宋して禅を学んだ天童寺もその一つである。

道元にやや遅れて入宋留学した円爾《えんに》（東福寺の開山）や、宋から来日した蘭渓道隆（建長寺の開山）・無学祖元（円覚寺の開山）たちは、これら五山ゆかりの僧侶であった。鎌倉幕府はこの制度を採用して建長寺・円覚寺などを日本の禅五山とする（教と律については、日本で五山を定めたことを示す史料がない）。この頃、蒙古襲来の政治的緊張もややほぐれ、日中両国間には商船の往来がふたたび盛んとなり、その船に乗って留学したり渡来したりする僧侶が激増する。夢窓は中国に渡っていないが、彼の師であった高峰顕日は無学祖元の弟子であり、夢窓も中国の五山文化に連なる人物だった。

円爾が宋から持ち帰った書籍目録が、その入寂後に東福寺で作成され、今に伝わっている。それが「普門院経論章疏語録儒書等目録」と呼ばれることからもわかるように、この蔵書には仏教書籍のみならず外典《げてん》たる儒書を含んでいた。そして、その特徴は、平安時代の「日本国見在書目録」とは様相を異にして、当時中国で盛行していた宋学関係の書籍が見えることにある。宋学は、日本では禅林においてまず学ばれたのであった。夢窓もまた、こうした環境のなかで学業を積んだ。したがって、彼が宋学の書物を読んだ蓋然性はきわめて高い。南北朝時代は「宋学以前」の時代だったが、すでに宋学の内容は日本に伝来していたのである。

増田欣氏の『『太平記』の比較文学的研究』（角川書店、一九七六年）は、『太平記』に見える諸話柄の原話を中国の典籍に探して比較したり、『太平記』が引用・言及する漢籍について詳細丹念に分析したりした力作である。巻四の児島高徳院ノ庄のくだりの挿話（呉越合戦の説話）も扱われている。ただし、氏は現存文献たる『史記』・『呉越春秋』・『伍子胥変文』のみを実証的な検討対象にしているため、范蠡が魚腹に密書を入れる話柄は『太平記』の創作とみなしており（同書二六八頁）、今は佚しているなんらかの中国文献が元ネタではないかと私が憶測するのと見解を異にする。

氏は本書第三章「儒学経書の受容に関する考察」で、『古文孝経』・『論語』・『孟子』の三種の経書を取り上げ、それらの章句と思想とが『太平記』にどのように受容されているかを検討している。氏も指摘するように、「『論語』と『孝経』の二書は、『養老令』の「学令」においても特に学者兼習の必修科目とされていた」（四八四頁）。これは日本独自の制ではなく、そもそもが唐制の模倣であった。すなわち、いわゆる五経（易、書、詩、礼、春秋）の選択学習のほかに、「孝経・論語は皆兼《あは》せて之《これ》に通ぜしむ」ということになっていた（『新唐書』巻四四「選挙志上」）。『太平記』に見える『孝経』・『論語』からの引用は、孔安国の『古文孝経』の伝（この伝は注釈書のこと）、『論語』は何晏《かあん》の集解という博士家の伝統的な学問であって、そこに新来の宋学の影は見られないと、増田氏は結論づける。また、『孟子』についても、朱熹の新注ではなく、趙岐《ちょうぎ》の古注によって享受しているという。ただ、「朱註の影響をも部分的には受けている」（五四七頁）。

増田氏は、神田本巻二「長崎新左衛門異見事」で「孔孟」という併称表記が見えるのは、「宋学の流行という文化史的背景を象徴するものと考えられ、看過することのできぬものを感ずる」と述べる（五三四頁）。夢窓の弟子絶海中津《ぜっかいちゅうしん》は、足利義満から『孟子』について問われた際に、趙注と朱注の相違があると答えた。絶海は一三六八年から十年間、建国まもない明に留学しており、かの地の禅院で最新の儒学動向を知りうる立場にあった。『太平記』の長崎高資の台詞に「孔孟」という表現が見えるのは、増田氏の言う通り、博士家の儒学観（周公旦と孔子を連称する「周孔」を使う漢唐訓詁の学を継承する）とは異質な新動向の流入を窺わせる。

夢窓の『夢中問答集』は尊氏・直義兄弟の質問に夢窓が答えたものということになっている。全編のほとんどは仏教教義に関する問答であるが、巻中のある質問においては仏教との関連で儒教に言及され、そこに「孔孟」という語が見える。増田氏が紹介している『太平記』中の長崎高資の台詞と同様に、実際に足利兄弟（のどちらか）がそう発話したのか、それとも文章をまとめた夢窓がこの表記を選んだのか、確定はできない。だが、少なくとも夢窓が「孔孟」という語彙を用いて儒教を表していることになるから、漢唐訓詁の学を継承する博士家とは異なる儒教認識を持っていた証拠ということはできよう。しかも、夢窓はこの箇所の質問に対する回答のなかで次のように述べてもいる。

今時儒教ヲ学ヒ玉フ人ハ、タヽニ仁義ノイハレヲ習得ツレバ、我ハ儒教ノ達者ナリト思フテ、仁義ノ道ヲ心ニ修練セラルヽコトナシ

増田氏が前掲書のなかで『太平記』の文章について指摘しているように、「仁義」という語彙も『孟子』由来のものであり、これを用いること自体、宋学の影響とみなせる可能性を持つ。だが、それ以上に、ここでは「仁義ノ道ヲ心ニ修練」という宋学に特徴的な表現が使われている。夢窓は、儒教のほうでも仏教の場合と同じく、言葉のうえでその理論に通暁するだけで「仁義ノ道ヲ心ニ修練」するという肝心のところが疎かになる傾向が看取されると指摘しているのだ。宋学的な見解が彼の念頭にある「儒教」を代表していたことがわかる。

ただし、このことをもってただちに、「今時」すなわち十四世紀中葉の日本に、そのような自称「儒教ノ達者」がいたとする証拠にはなるまい。心の修養こそが肝心なのに理論的知識のみを矜《ほこ》る手合いが多いという言説は、彼の独創ではなく、中国の宋学における常套表現であった。そ

れが禅林でも知られ、そうした情報が伝達されることによって夢窓に上記の回答を思いつかせた蓋然性が高い。換言すれば、夢窓はそのような儒学者を日本で実見したのではなく、書物の知識や伝聞情報として、そういう連中がいるということを述べているにすぎないのではないか。

いずれにせよ、「南北朝時代は『宋学以前』の時代だった」。ただし、宋学的知識は五山禅林に伝わってきており、それに基づく言述が夢窓には見られる。夢窓が『太平記』制作に関係していたかどうかは実証できないが、『太平記』の政道論はこうした状況を反映していたと言うことができよう。

3

エンパイアの理念

――宋学の思想史的意義

思想史から見た宋代近世論

支那哲学の誕生と時代区分

江戸時代、はじめは林家の私塾として、のちに幕府の正規の学校として設けられたのが昌平坂学問所（名称はしばしば変更されたが、いまこの名で代表させる）で、いわば漢学の総本山だった。明治維新ののちは「大学」と改称され、漢学とあわせて和学（国学）を担当することになった。幕府の学術研究組織として別途設置されていた開成所（もとは天文方・蕃書調所）と西洋医学所（もとは種痘所）はそれぞれ開成学校・医学校時代を経て、大学南校・大学東校として洋学の教育研究機関となった。だが、政府は全面洋化方針を採ったため、「大学」は一八七一年に廃校となり、大学南校・大学東校を統合して一八七七年に東京大学が誕生する。文学部には第一科「史学・哲学・政治学」と第二科「和漢文学科」が設けられ、かつての「大学」の教育研究分野はこの第二科に引き継がれた。一八九六年に帝国大学と改称・再編がなされ、文科大学（文学部を改称）において和学と漢学はふたたび分離する。一九〇四年、文科大学には哲・史・文の三学科制が敷かれ、一九一〇年にはそのもとに十九専修課程が置かれたが、そのなかに「支那文学」とは別に「支那哲学」が設けられた。

その名称が示すように、支那哲学とは、江戸時代以来の「漢学」とは異なるディシプリンに基づく分野であった。当時、「哲学」（＝西洋哲学を教育・研究するための学科）で主流になっていたドイツ哲学の流儀を参照し、文科大学哲学科の卒業生で、ドイツ留学経験のある服部宇之吉を教授として採用して、旧来の漢学とは異なる立場からの教育・研究が開始される。一九一九年、さらなる改組により、支那哲学専修あらため、支那哲学科が誕生する。

以上、長々と東大支那哲学科誕生前史を紹介してきたのは、支那哲学科においては、かつての漢学には無かった問題関心として、「哲学の時代的変遷」が初発から意識されていたことを確認したかったからである。哲学科における西洋哲学史理解、すなわち、古代（ギリシャ哲学）・中世（キリスト教哲学）・近世（デカルト以降）の三区分が、支那哲学科においてははじめから知られ、意識されていた（古代・中世の表記は上古・中古であったりする）。時代区分という問題は、内藤湖南が東洋史学の立場から提唱するより前から、支那哲学では知られていた。

服部と東大在任時期が重なるのが、宇野哲人である。宇野は一九〇〇年に「帝国大学」の文科大学漢学科を卒業し、東京高等師範学校教授を兼ねたまま、根本通明の後任として「東京帝国大学」の助教授に採用された。根本は古風な漢学者であったから、この人事によって東大の学風が刷新されたことになる。当時、服部は名目上すでに東大の教授であったが、北京師範学堂の総教習として中国にいた。

この頃、内田周平や遠藤隆吉により、相次いで『支那哲学史』という名称の本が出版されていた。宇野も一九一四年に『支那哲学史講話』（大同館）を出している。西洋の哲学および哲学史研究に倣って、中国の思想についても「哲学史」が語られる時代が始まった。そして、一九二四年の『儒学史（上）』（宝文館）において、宇野は上古・中古・近古・近世という時代区分用語を採用する。上古は今で言う先秦時代、中古が漢から唐、近古が宋から明、そして近世が清代とする時代区分であった。ただ、実際には、近古・近世を扱うはずであった下巻は、宇野が数え年で百歳の長寿を全うしたにもかかわらず、ついに刊行されずに終わった。それに代わるものが『支那哲学史　近世儒学』（宝文館）で、一九五四年の出版である。ここでは、宋から清までを一括して「近世」と呼んでおり、この呼称は現在も日本国内の中国哲学研究者が用いている「時代区分」である（ただし、一九五四年段階では、京都大学など他大学の研究者も「近世」という語をこの意味で用いているから、宇野ひとりの創案というわけではない）。

宇野の斬新さは、大学卒業の年（一九〇〇年）に発表された処女論文「二程子之哲学」（哲学叢書第一巻所収）において、「すでに西洋哲学の研究方法を取り入れて（中略）純客観的態度を堅持して研究が進められている」（加藤常賢「宇野先生の学績と業績」、『東方学』二四輯、一九六二年。のち、東方学会編『東方学回想』Ⅲ、二〇〇〇年に再録）ことにある。そこでは、本稿で後述するような当時のドイツ観念論哲学受容の趨勢に棹さして、宋学をカント風に整理する営みがなされていた。この時点で宇野はまだ宋を「近世」とは呼んでいないものの、内容的にはすでに西洋の近世哲学に相当するものとして位置づけようとする意図があったわけである。

このように、支那哲学史の記述はその初発から西洋哲学史の時代区分を強く意識したものとなった。そして、彼らは西洋哲学史（および、これと連動する西洋史全体）における上記三区分の原理が、うまく中国思想史の展開にあてはまることを発見したのである。ことあらためて「発見」というまでもなく、彼らが漢学者たちとも共有していた歴史認識が、まさにこの三区分だったと言ってもよい。すなわち、第一の時代が儒教の成立期、第二の時代が儒教の停滞期、第三の時代が儒教の復興期であった。王朝名でいえば、先秦（もしくは漢代まで）が第一の時代、それに続いて唐までが第二の時代、宋代以降が第三の時代ということになる（宇野は当初、清を「近世」として宋学・明学の時代たる「近古」と区別していたが、上述のとおり、後にはこれを一括して「近世」とみなしている）。

それはまさに、西洋哲学がギリシャ＝ローマの古典哲学の時代のあと、キリスト教の圧倒的な影響下にあった時代を経て、文芸復興（ルネッサンス）に連なるかたちでデカルトが登場し、哲学史上最大の巨人（と当時の日本で思念されていた）カントの時代に至る流れと並行関係をなすものであった。西洋史学における「暗黒の中世」像が、六朝隋唐時代の儒教不振と重ねられた。「中世は宗教の時代」という見解が、何の違和感もなく中国に当てはめられ、仏教・道教の盛行と裏腹に、儒教（服部や宇野は「儒教は宗教ではない」という立場だった）が衰微していたと理解された。

支那哲学研究において誕生した上記三区分は、それぞれの時代呼称こそ西洋仕込みの概念の翻訳語である上古・中古・近世によって形容してはいたが、もともと「近世」の儒者たちに共有されていた区分である。宋学の担い手たちは、自分たちの前を儒教衰微時代と捉え、自分たちの経書解釈が孔子の思想を正しく世に広める儒教復興運動であるという意識を持っていた。ただ、彼らは漢代の儒者たちの誤った経書解釈がこの衰微を招いたという歴史認識を持っていたので、漢代がすでに暗黒時代であると捉えていた。諸子百家が活躍した戦国時代も、道が行われなかった時代として低く評価される。この点が近代の支那哲学研究者とは異なるものの、いにしえの良き時代のあと、暗黒時代をはさんで復興（ルネッサンス）が成就するという点で、宋学者たちの歴史認識がすでに近代西洋における歴史認識と類似していたのである。

したがって、日本の思想史研究における時代区分は、唐までと宋以降とに太い線を引き、宋を近世とみなす形で定着した。そして、その後もこの枠組みは「支那哲学」改め「中国哲学」研究において、現在も基本的に踏襲されている。

内藤説の独自性——文化史の視点

内藤湖南の「宋＝近世」説は、根拠の一部として宋学誕生という思想史上の事件を数えてはいるけれども、その広がりは多面的であった。中核には政治史的な制度変化が据えられ、科挙官僚体制の確立による皇帝独裁政治（この語は門下生だった宮崎市定が広めたものだが）が指摘されている。

ただ、私が思うに、のちの論者は、宮崎も含めて、内藤説をこの君主独裁体制の成立という視点から捉えることに偏している。たしかに、政治体制の変質は内藤説の眼目の一つであった。しかし、内藤の論点は政治体制それ自体にあるのではなく、そのような体制を可能にした社会基盤、体制を支えた人たちの性格のほうにこそ重点があったと解釈できるのだ。それが彼の「貴族から平民へ」という主張である。

内藤は「中古」の「支那社会」の担い手を、「貴族」という語で呼んだ。この語の選択は、当時、彼の京都における同僚歴史学者たちが日本史研究（当時の呼称では「国史」）において、平安王朝時代の支配層であった「公家」（これが少なくとも、鎌倉時代における彼らの一般的呼称である）をこう呼ぶようになっていたことによるものと推測される。「平安貴族」と「六朝貴族」が果たして同じ「貴族」という概念で一括できるものなのかどうか、私自身は多少疑念をいだいているが、両者はその後も日本史と中国史における学術用語として定着している（中国史研究においては、内藤〜宮崎説批判の立場からこの語の使用を回避する論者もいる）。

そして、この「貴族」に代わって宋代に台頭し、科挙官僚の輩出母体となって君主独裁体制を支えたのが、内藤によれば、「平民」だった。「平民」という日本語は、明治時代の門地標識として華族・士族の下に位置づくものとして定められており、内藤にとってはいわば同時代用語だった。特に、ちょうど内藤が時代区分論を京都帝大の授業で講義していたのは、一九一八年に原敬が首相へと登り詰めて「平民宰相」ともてはやされていた時期とも重なる。原はもともと盛岡で南部藩の家老の家に生まれており、その点で立派な「士族」出身なのであるが、分家して「平民」を選んでいた。憶測を逞しくすれば、家柄ではなく個人的才覚により政党政治家として立身した原の姿は、内藤の目には宋代の科挙官僚たちと重なって見えたのかもしれない。ちなみに、内藤の同僚で、もともと西洋史研究者であるのに日本中世史研究の草分けともなった原勝郎（一九一七年に著した『東山時代に於ける一縉紳の生活』などで知られる）も南部藩士の子であった。内藤は秋田県の鹿角の出身ではあるが、彼もまた南部藩士の子であった。

同時期、『文学に現はれたる我が国民思想の研究』（洛陽堂、一九一七〜一九二一年）において津田左右吉は、日本文化の担い手が「貴族」「武士」「平民」と変遷したという議論を展開していた。内藤が津田のこの書を読んでいたかどうかまだ調査していないが、その評判は聞き知っていたであろう。「貴族から平民へ」という枠組みには、これらの外延があったものと推察される。なお、内藤と津田を並べて論じたものとしては、増淵龍夫『歴史家の同時代史的考察について』（岩波書店、一九八三年）があり、今も傾聴に値する議論を含んでいる。

内藤が用いた「平民」は（「貴族」のほうとは異なって）その後学たちに継承されることはなかった。宋は「士大夫《したいふ》」の時代として表象されるようになる。ここで改めて指摘するまでもないが、「士大夫」は六朝時代にすでに史料に登場する語彙であるから、内藤がいうところの「貴族」も、彼らの自己認識としては士大夫だった。日本における学界の慣行に遵い、私も宋学の担い手たちを士大夫と呼んで特徴付けているが、六朝の経学者たちも士大夫だったわけで、学術用語としての厳密さには問題がある。むしろ、内藤がそうしたように「貴族」と「平民」としたほうが、両者の出身階層や立身過程の相違を端的に示しているように思われる。

内藤は中国伝統社会における政治文化（「政治と文化」でもあり、「政治という文化」でもあった）の担い手として、唐の貴族から宋の平民への交代を見たのであった。ところが、現在、ともすると、「内藤は政治より文化を重視したために、辛亥革命に象徴される中国近代の歴史的意義を正当に評価できなかった」とするたぐいの批評が見受けられる。

山田智・黒川みどり編『内藤湖南とアジア認識――日本近代思想史からみる』（勉誠出版、二〇一三年）は、少壮研究者による内藤論として興味深いもので、二十世紀前半の日本の思想状況のなかに内藤を位置づけようとする意欲的試みである。内藤の朝鮮観（あるいはその欠如）に対する批判は（当時の日本人がほとんどそう見ていたのだから致し方ない面があり、内藤を弾劾するのは気の毒な気もするけれども）、的を射ていると思われる。ただ、私は、率直に言って本書の議論に賛同できない。それは、内藤のいう文化を政治・社会・経済などと並立する狭い意味に解釈したうえで、その点を批判しているからである。これは著者たちの「文化史」観なのであって、内藤の「文化主義」（増淵龍夫の表現）とはその含意が異なるからだ。また、「日本近代思想史からみる」と副題にあるにもかかわらず、さきほど紹介した「支那哲学」側の時代区分の存在に言及されることもない。

ただ、そのなかで出色と思われるのは、與那覇潤の論考「史学の黙示録――『新支那論』ノート」である。詳細な紹介はここでは控えるが、氏が『中国化する日本――日中「文明の衝突」一千年史』（文藝春秋、二〇一一年。二〇一四年に文春文庫にて増補版が刊行されている）で提示した見方によって内藤の言説を読むことにより、「自らと同時代の中国を歴史が終わった土地として、そしてなによりも日本や欧米にとっても先にある未来としてまなざそうとした湖南の歴史感覚には、今日もなお意味がある」（一九七頁）とする。「湖南の中国論における文化への傾倒の原因を、もっぱら日本の帝国主義的進出を擁護する意図に求めるのは、実は因果が逆転しているのである。むしろ、湖南の文化主義はまさしく中華世界では伝統的な人間観を受けついでいた」（一九〇頁）。内藤の中国観はその意味で内在的であり、外部から階級闘争だの市民社会だのを持ち込んで分析する手法と比べて、今となっては、より正確に事態を観察していたということが言えよう。そして、さきほど紹介したように、唐と宋とで区切る思考それ自体もまた、中国において伝統的な歴史認識だったのだ。

井上克人は、「内藤湖南の歴史認識における哲学的背景」と題する論考（河合文化教育研究所『研究論集』、第一一集、二〇一四年）において、内藤と同世代の三宅雪嶺（六歳年上）や徳富蘇峰（三歳年上）らについて、「明治ノ青年」（徳富の語）たちによって「個人の内面的世界における自我の自覚と確立という問題が追求され始める」（七六頁）と指摘する。明治三十年代以降のドイツ観念論哲学の受容という流れのなかで、内藤には弁証法的発展によって中国の歴史を理解しようとする志向が生まれ、初期の著作である『近世文学史論』において「時運」や「時勢」といった語を多用することにつながった。そして、池田誠の指摘（「内藤史学にかんする私論」、内藤湖南全集第五巻付録月報一二、筑摩書房、一九九七年）に依拠して、内藤が後年は「自然」を頻用したとする。「明治三十年代以降になると、（中略）ドイツ哲学を媒介にしてわが国の伝統である仏教や宋学を解釈した例も多い」（七八頁）。井上は、内藤が哲学には好意的でなかったことも強調しているが、彼もまた「明治ノ青年」のひとりであったという観点からその歴史認識を理解しようとしている点で、すぐれて思想史的な分析であると思われる。富永仲基が中国人の国民的特性を「文」だとしたうえで加上説を発展させたことが、内藤の歴史認識を特徴付けていると、井上は結んでいる。内藤の中国論が文化を中心に据えるには、以上の背景があったということだろう。

政治制度史や社会経済史の分野で内藤没後になされてきた、精緻な実証研究の成果を貶めるつもりは毛頭ない。しかし、もとに戻って考えてみれば、内藤が提示した枠組みは「今日もなお意味がある」（與那覇の表現）、否、今日でこそ意味があると思われる。

宋学の画期性、およびその背景としての印刷出版文化

宋代は思想面での画期である。仏教では禅仏教の社会への浸透があった。また、道教にも内容的な変化が見られる。呂洞賓《りょどうひん》に代表される新しいタイプの神仙が登場したし、服薬により不老長

生を求める金丹術に代わって精神をとぎすまして生命活動を活性化する内丹法が流行するようになり、南宋と対峙する金では全真教が生まれた（横手裕『中国道教の展開』、山川出版社、二〇〇八年）。

ここでは、儒教に限定してその特色を述べておきたい。

儒教の大きな役割として、王権の正当化がある。漢代における経学の誕生は、所与の経典を、ある方向性をもって解釈することによって、時の王権を支持もしくは修正させようとする意図に基づいていた。そうした経緯をたどって、唐の五経正義が編纂される。

宋代の儒教は、北宋なかばの仁宗朝の時から、こうした漢唐学の経書解釈に対する全面的な批判として展開する。その第一世代を代表するのが欧陽脩《おうようしゅう》であり、続く第二世代として王安石《おうあんせき》・程《てい》頤《い》・蘇軾《そしょく》らが輩出する（土田健次郎『道学の形成』、創文社、二〇〇二年）。

彼らに共通する王権論が確立した結果、宋を画期として前後の時代を区別する特徴として、次の三点を挙げることができる（溝口雄三・池田知久・小島毅『中国思想史』、東京大学出版会、二〇〇七年。その第二章「唐宋の変革」、小島執筆）。

（1）王朝交代の様式が、宋を最後の事例として、禅譲ではなくなったこと。

（2）王朝の名称が、元以降は地名由来でなく美称になったこと。

（3）依拠する最重要経書が、『孝経』『周礼』から『易』『大学』に移行したこと。

これらは相互に連関しており、さらに国家祭祀についての解釈や天の観念の変質とも連動して、理論上の大きな組み替えが生じた。「理」を根幹に据える教説が体系化され、その潮流のなかから朱熹が現れて朱子学を大成する。思想史上の唐宋変革は、後世から回顧した時の結果論ではあるが、やはり朱子学によって代表される。欧陽脩・司馬光らによる正統論を継承発展させて、のちに日本儒教において大義名分論と称されることになる思惟が中核に据えられた。

北宋後半を代表する王安石学派に対して、朱熹は二程に始まる道学の流れに属し、その立場から、王安石とは異なる政治秩序を構想した。一言でいえば、上（中央政府）からではなく、下（在地社会、郷里空間）からの秩序構築である。その構想では、宗族・郷約などの社会制度が重要な役割を果たすものとして創造され、こうした秩序の頂点に位置する存在として、理想の君主のあり方が思念された。そして、下は在地社会から上は中央政府に至るまでを通貫して、この秩序の担い手として士大夫が主体的・自律的に活躍することが期待されたのである。

前節で述べたように、宋代における士大夫（内藤の言う「平民」）とは、科挙官僚およびその候補者たちの謂であった。彼らが皇帝独裁体制を支えたのである。しばしば皇帝の個人的意向・方針と、士大夫たちの輿論とが対立して政治問題化することもあった。そのため、皇帝（王権）と臣僚（士大夫）との間に本質的な対抗関係を見ようとする歴史理解もある。だが、私は、それらは一過性の事象にすぎず、政治秩序の範型としては、皇帝独裁体制は士大夫たちによって主導されていたと理解している。個々の対立事件の構図自体が、そもそも「士大夫たちが儒教的に形象化した、あるべき君主像」と「実際の皇帝の恣意」とが矛盾した場合に生じており、士大夫たちは君主制を廃絶しようとはしていない。

　これら士大夫を産出する社会的基盤は、経済的にそれなりに豊かな階層であった。内藤の「平民」という語彙選択が、内藤の門流からもあまり支持されなかった所以である。農業生産における地主や、商業活動における大商人が、一族から科挙試験合格を志す士大夫を輩出させていた。唐までのように、都に居住して先祖代々官界に地歩を占めていた「貴族」とは異なり、在地社会で科挙のための勉学に勤しみ、その成功者として官界において活躍する人材が、宋の政治・社会を領導するようになる。彼らは科挙受験に必要な儒教的教養を修得しているから、当然、文化的にも在地社会の指導者であった。政治・社会・経済・文化の全面にわたって、彼らは帝国《エンパイア》の支配階層だった。

　これに類似する現象は、宋以前にも見られた。後漢末期における地方文化（荊州など）や、五胡十六国・東晋時代における地域防衛や移民の集団などがそれである。しかし、宋以前には、そうした集団における領導は、その集団内部の輿論によって選ばれており、その点で宋代よりも自主的・自治的であった。これに対して、宋の士大夫たちは、科挙という中央政府主催の資格認定試験における合否を、その権威の源泉としていた。もちろん、科挙に合格できないままに在地社会の領導となった者も少なくない。だが、その場合でも、彼が一旦は科挙を志して、そのために儒教的教養を身につけ、その結果として人格者になった（少なくとも、当該在地社会において人格者だと認められた）ことが、彼に指導者としての地位を与えているのであり、ここに科挙官僚制度の全面的・全国的な展開と、そこにおける指標の平準化とを見ることができよう。社会規範として思念されたのは儒教（朱子学）の「礼」であり、これを礼治システムと呼ぶ（溝口雄三・村田雄二郎・伊東貴之『中国という視座』、平凡社、一九九五年）。

現実には、自分たちの経済的利益を追求するために科挙官僚になろうとする輩が多く、そのために規範を逸脱する収奪が日常的に行われていた。宋の政治秩序は、実際には王道楽土に程遠いものだった。ではあるけれども、理念として、在地社会の人格者が儒教的な教養を基準に官僚に選出されて国家権力の中枢に登用されるべきであるとする考え方が、宋代以降の中国における社会通念となり、清末まで続くのである。

中国におけるこのような体制秩序は、ヨーロッパの近代社会と相反すると考えられてきた。近代社会は「自由と平等」を根源的価値に据えることで誕生したからである。ところが、ヨーロッパにおいても、十九世紀以来の通説であった「自由と平等」を近代の指標とする見解に異論を唱えて、十八世紀に実際に重視された「紀律と選抜」を強調する学説がある（ゲルハルト・エストライヒ（Gerhart Oestreich）『近代国家の覚醒——新ストア主義・身分制・ポリツァイ』、創文社、一九九三年。本書は、Justus Lipsius als Theoretiker der neuzeitlichen Machtstaates. Standetum und Staatsbildung in Deutschland. Policey und Prudentia Civilis in der barocken Gesellschaft von Stadt und Staat. の三つの論文の翻訳・編集で、ドイツ語に同名の原書があるわけではない）。宋代以降の士大夫は、人格的修練と科挙合格という、まさに「紀律と選抜」の実践主体であった。

彼ら「近世士大夫」が新しい社会階層として勃興した文化的基盤として、印刷出版文化の成立が重要である。彼らは市場に流通している書籍を購入することによって、読書・学習をすることができた。朱熹の教説も、彼自身自覚的に採用した出版戦略によって、その生前から広範な地域に浸透していた。科挙受験者数が唐代とは桁違いに増加するのは、書物の流通量が増えたことと相即する現象として理解できる。印刷技術の普及こそが朱子学を生み出したといっても過言ではない。唐と宋との間に、一見したところ、それほどの相違があるようには感じられないかもしれない。しかし、この二つの時代における領導階層の性格やその思惟様式、あるいは、そもそもうした変化を可能にした文化的背景を考察してみるならば、ここには中国史上の大きな画期があったと言わざるをえないであろう。

内藤湖南は、やはり正しかったのである。

宋を近世として見えてくるもの

さて、問題をもとに戻して、では「宋＝近世説」を唱えることに、どのような意義があるのだろうか。時代区分という営為は、その先に何が見えてくるかに意味があるのであって、それ自体が目的ではない。

私は必ずしも與那覇の歴史認識（『中国化する日本』）に賛同する者ではないので、今の日本の状況がようやく宋代の中国に追いついたから、その意味で現代的な意義があるとは考えない。制度の外見上、社会や経済の仕組みが「中国化」しているとしても、近世中国と現代日本とは異なる「文化」（内藤的な意味で）に属している。

私はむしろ、宋代に始まった東アジアの近世が、今終わりつつあるという点にこそ、この時代区分の意味があると考える。「近世」は「近代」によって取って代わられたわけではない。所謂「近代」は、「近世」の一種としてユーラシア大陸の西端で発生した。もちろん、自生的にではなく、オスマン帝国との接触など他地域からの刺激を受けることにより、自分たちの起源が古代のギリシャ・ローマにあるという歴史認識（客観的に正しいかどうかは別）を持つようになり、古代・中世・近代という三区分法を編み出すに至ったことで自覚的に成長するようになったものである。その波が「堅艦利砲」によって東アジアにも押し寄せ、十九世紀後半にはその地域を呑み込んでいく。だが、前節で述べた「印刷出版文化の時代」は、出版形態が整版から活版に変わった程度で、基本的には続いていた。

「電脳化」は、中国では宋代以来千年、日本でも三百年は続いてきた印刷出版文化の時代を終了させつつある。私たちは二十年ほど前にPCを使い始めたときから、この流れに身を投じてきた。この原稿自体、なんら質的な形象を持った文字ではなく、電気信号の羅列にすぎないのである。そのことの意味は、社会学や人間工学などの諸分野でも指摘されている。

文字の発明とともに文明が始まった。この言い方はきわめて十九世紀的であり、考古学や人類学の発展とともに乗り越えられてきた見方かもしれない。しかし、あえてそう言わせていただこう。かつて、文字の運用能力を持つ、ごく限られた人たちが「文化」を担っていた(古代)。そのなかから聖典・古典が選定され、その受容と解釈が、次の時代の担い手に課せられた(中世)。やがて、印刷技術が発明され、その担い手となる人たちの数が量的に増大し、それにともなって担い手の社会的存在形態も質的に変化した(近世)。

現在は、電脳化の進展によって、物理的な空間の隔たりを無化して、瞬時に世界中で情報が共有できるようになった。国家権力や宗教教団による情報流通手段の独占は破綻し、国境を越えて「隠したい事実」が漏れ広がるようになっている。いわば、世界中が一つの場(ネット空間)を共有している状況である。

また、電脳技術は言語障壁も低いものにしている。電子翻訳技術はまだ向上の途上にあり、特に人文学系の学術論文はうまく電子翻訳できる段階に至っていない。しかし、この問題も遠からず解決されるであろう。言語面でも、世界は一体化しつつある。また、多くの学術分野では英語が共通語であり、学術論文はどこの国の人が書く場合でも最初から英語で執筆されるようになってきている。

こうした文化環境の変質は、広義の近世が終焉して新しい時代が始まりつつあることを示している。それに連動して、思想文化の面でも変革が生じることであろう。この大転換期に際して、私たちが過去を回顧して時代区分について検討することは、将来を展望するうえで重要な作業なのである。

宋学の尊王攘夷思想とその日本への影響

五経の一つ『詩経』の小雅六月篇とそれに続く采芑《さいき》篇は、周の宣王の北伐と南征とをそれぞれ詠ったものとされる。この両詩以下は小雅のなかでも変小雅と呼ばれた。その理由は六月篇の序によると、「小雅がすべて廃れ、四夷がかわるがわる侵略してきて中国は衰えた（小雅尽廃、則四夷交侵、中国微矣）」からである。宣王は先代の厲王が悪政を布いて追放され所謂「共和」の時期を経て即位し、周の権威復興に努めた。その象徴的事績として、北方の戎狄《じゅうてき》と南方の蛮夷とを征伐し、王の威信を示した。これを讃えたのが『詩経』の二篇なのである。朱熹も『詩集伝』で、「先王が戎狄を治めるやりかたはこのようであった（先王治戎狄之法如此）」と評する。夷狄を伐ち攘《はら》い中国の民を護ることは、天命を受けた王が果たすべき役割であった。

宣王の後を継いだ幽王は都を中国と犬戎の軍に攻められて殺されたため、子の平王が洛陽に東遷して所謂春秋時代が始まる（前七七〇年）。ただし、孔子が筆削して成書したとされる『春秋』

は、平王治世の終盤にあたる年、魯国の隠公元年から始まっている（前七二二年）。

　春秋時代は周王の権威がますます衰え、周囲の夷狄が中華を侵してゆく過程であった。南方の強国として、はじめは楚が、やがて呉や越が力を蓄え、中原に進出して来る。かくして、王に代わって夷狄を攘う役割を担う諸侯が現れる。それが覇（「伯」とも）であった。

『論語』憲問篇第十六章は、孔子が斉の桓公と晋の文公を比較し、前者のほうが人格的に優れていたと評している。朱熹の『論語集注』は「二公はいずれも諸侯の盟主として、夷狄を攘って周の王室を尊んだ者である（二公皆諸侯盟主、攘夷狄以尊周室者也）」とする。また、同じ篇の第十八章、管仲を仁者と評した章では、「周の王室を尊び、夷狄を攘ったのは、どちらも天下を正しくするためであった（尊周室攘夷狄、皆所以正天下也）」と述べ、管仲が桓公を善導して尊王と攘夷を実現したことを讃えている（厳密には、孔子がそのように讃えた文言であると、朱熹は解釈している【1】）。

　こうした思想・見解は、もちろん宋代以前からあった。そもそも春秋学は、孔子が周王の威信が衰えて中国の礼秩序が崩れつつあることを嘆き、過去の人物たちに筆誅を加えるために、魯の年代記二百四十二年間の記録を添削したのが『春秋』であるという伝承を大前提に成立していた。たとえば、楚や呉の君主は実際には王を僭称していたのだが、経文では「子」という低い爵位で呼ぶことによって華夷の間の名分秩序を守り、周王が与えた封爵を尊重することの重要性を示したと解釈するたぐいである。経文が明確にそう述べているわけではないのだけれども、孔子の意図は華夷の区別にあるとして、実力ある諸侯（覇）が周王に代わってそれを実現する行為を是認した。

　宋学においてもこの考え方が継承される。趙汸《ちょうほう》の『春秋属辞』巻一二に言う。「覇者とは、諸侯をまとめ、夷狄を攘い、王室を尊ぶことを、その定義とする（夫伯者、以合諸侯、攘夷狄、尊王室、為名義者也）」。この定義によるならば、当然、夷狄は覇者たりえない。『春秋』で楚の君主を（王号ではなく）爵位で（「子」とだけ）呼ぶのは、一貫して夷狄の強者であると記録しているのである。ところが、後世の学者は、なんと五覇（に楚を数える）という説によって『春秋』の主旨を乱している。けしからんことである（春秋於楚君書爵、終始志夷狄之彊**[2]**而已。後世学者、乃以五伯之説、乱春秋之旨、可乎）」**[3]**。楚は元来夷狄であった。しかも勝手に王を名乗っている。その国を覇者に数えることは語義矛盾であり、孔子の意図に反するというのだ。

　趙汸は元末の人で、その意味では「夷狄」が中国を支配するなかで生きていた。ただ、元代においては、のちに清朝がおこなったような禁書や文字の獄のような強圧的な言論統制は見られない。この時代に、攘夷を掲げる朱子学がむしろ体制教学として確立していく。以下、そこに至る経緯を宋初に立ち戻って時間に沿って概観していこう。

　宋学における尊王攘夷思想のさきがけとされるのが、孫復『春秋尊王発微』である**[4]**。孫復は、おそらく公羊《くよう》学の三世説を意識して、中国と夷狄との関係から春秋時代を三つに区分する**[5]**。すなわち、僖公四年の、斉桓公が中国の諸侯を率いて楚と戦い、召陵で会盟するに至った事件について、「はじめて夷狄を攘い中国を救う功業が達成された（攘夷狄救中国之功、始著也）」

と評する。楚が南方の強大な勢力として登場し、威信をすでに喪失していた周王に代わって斉公（春秋経文の爵位表記では斉侯）が覇者として尊王攘夷を担うようになるのが、この時だったという認識である。

それから百年余、魯襄《じょうこう》公は楚に随従して伺候するようになっていた。孫復は経文の「如《ゆく》」を事実上は「朝」であると解釈する【6】。

公が楚に朝貢したのは、斉桓公や晋文公はすでに世を去り、夷狄が日々に盛んとなり中国が日々に衰微したため、公は強大な夷狄のところに遠路出向いて朝貢するにいたったのである。（公朝楚者、桓文既死、夷狄日熾、中国日微、故公遠朝強夷也〈襄公二十八年「十有一月公如楚」条〉）

楚に伺候した襄公はそのまましばらく楚に滞在する。ちょうど十二月に楚康王が没しているから、その葬儀参列まで帰国を見合わせたものと推量できる【7】。そのため、襄公は楚で年を越した。そのことを、経文は「二十有九年春王正月、公在楚、夏五月公至自楚」と記す。この件はすでに公羊学で襄公が夷狄に長逗留したことを特記したものと解していた。孫復は十一月から五月まで襄公の楚滞在が七ヶ月に及んだとわざわざその期間を述べたうえで、夷狄にあることは他の中国諸侯のところに長期滞在するよりも悪いことだとする。

襄公の時に、楚の強盛さに圧せられて魯はこれに屈服した。夷狄が中国を本格的に侵掠する時期にはいったのである。昭公四年の申の会について、襄公二十八年の上掲条と同じく覇者不在の状況を指摘して、「これ以降、天下・中国の政事はすべて夷狄が交代で取り仕切るようになった（自是天下之政、中国之事、皆夷狄迭制之）」と述べる。「迭制《てっせい》」とは、その後、楚に代わって哀公の時に台頭してきた呉や越のことを含めているのであろう。孫復は哀公十年に魯が呉に従って斉を伐ったことや、哀公十三年の黄池の会（呉が覇者として振る舞った会盟）の箇所でも、同様の議論を繰り返している。

楚の存在を意識して、中国と夷狄との関係から春秋二四二年間を回顧し、尊王の実践が衰えゆく過程を描こうとしたのが、孔子の筆削の意図だった。そう孫復は解釈し、そこに春秋の大義を見る。そのため、中国諸侯の行為もこれに反する場合は夷狄とみなされる。というか、孔子がそのように扱ったと考える。たとえば、成公三年の「鄭伐許」条では、公羊伝の解釈を踏襲して鄭を夷狄として扱った文言だとし、それは鄭襄公が「中華にそむいて夷狄につき（背華即夷）」、楚におもねって同年中に二度も許を伐ったからだとする。

孫復は慶暦三先生の一人として胡瑗《こえん》・石介と並び称される。『宋元学案』では胡瑗とその門弟たちを扱う「安定学案」に続く、巻二「泰山学案」の中心人物である。全祖望が作成した子弟関係の系図によれば、石介を筆頭に文彦博（司馬光と並ぶ旧法党の大物）・劉牧（河図洛書の易学で著名）・范純仁（范仲淹の子）・呂希哲（呂夷簡の孫、呂公著の子）らが孫復の門弟だったとされる。その末席に朱長文という人物がいる。

『宋史』巻四四四「文苑六」に載る伝によると、朱長文は二十歳未満（未冠）で進士になったものの足をいためて出仕できなくなったために故郷蘇州で著述にいそしみ、「六経すべてについて自説を述べた文章がある（六経皆有辨説）」。巻二〇二「芸文一」には彼の著作として『春秋通志』二十巻が挙がっている。ただ、『宋史』は孫復との師弟関係に触れていない。

『宋元学案』巻二の本文では朱長文について「孫復から春秋学を学び、『春秋尊王発微』の奥義を窮めて、『通志』二十巻を著した（従泰山学春秋、得発微深旨、作通志二十巻）」という。朱彝尊《しゅいそん》『経義考』巻一八一はこの書を取り上げて「佚《いっ》（現存しない）」としており、ということは黄百家・全祖望が『宋元学案』の補綴《ほてつ》をしていたころには本文は失われていたらしい。ただ、朱彝尊はその自序を引用掲載している。その日付は紹聖元年正月、すなわち一〇九四年。元祐年間の旧法党政権期が終わって哲宗の親政が始まり、新法党が政権復帰した年である。この自序では、王安石政権下で春秋が経学からはずされたことに朱長文が批判的で、師の孫復を受け継ぎ蘇州で地道に研鑽を積んでいたこと、元祐年間に開封に呼び出されて久しく絶学状態にあった春秋の復興に努めたことが記載されている。朱彝尊は続けて朱長文の従子の朱佺《せん》がこの書を朝廷に進呈した際の上奏文を掲載している（付記された王応麟『玉海』からの引用によると淳熙十四年、すなわち一一八七年のこと）。そこでは春秋の趣旨を「中国を尊んで夷狄を賎しむだけではなく、天子を尊んで諸侯を抑えようともしていた（非独貴中国而賤夷狄、又将尊天子而抑諸侯）」と述べる。あるいは『春秋通志』本文にあった表現かもしれない。これが孫復の主張でもあったことはすでに述べた。
そして、『宋元学案』巻二では朱長文の門弟としてただひとり胡安国を挙げている。巻三四の「武夷学案」冒頭の系譜表の胡安国の箇所には、「二程私淑（程兄弟を慕った）」に先立って朱長文の門人であることが記載され、またそれによって当然そうなるわけだが「泰山再伝」（泰山は孫復の号、再伝は孫弟子の意）とも記されている。伝の本文では朱長文との関係に言及しないが、この関係は子の胡寅が書いた「先公行状」に述べられており、確かであろう。胡安国といえば春秋胡伝と俗称される注解によって知られており、この書が明代に公定解釈とされたことから、宋代における春秋注解の代表作とみなされるに至った。

胡伝は、たとえば桓公五年「鄭伯逃帰不盟」の条で、「春秋は名分をいい周王を尊んで、大義を主旨とする（春秋道名分尊天王、而以大義為主）」と言うように大義名分論をその特徴とする。もっとも、すでに知られているとおり、大義名分という四字熟語は和製である。胡伝は関連する事件があるたびに「尊中国攘夷狄」の理想（僖公二十三年）と「外為夷狄所制」という現実（襄公二十九年「公在楚」条）が説かれ、尊王攘夷が宣揚される。

呂大圭という、陳淳の孫弟子にあたる人物がいる。つまり、朱熹の三伝ということになる。『宋元学案』巻六八「北渓学案」に載る伝によると、彼は泉州の人で、蒲寿庚《ほじゅこう》が蒙古に降った【8】のに逆らって殺されたという。その『春秋或問』は哀公十三年の黄池の会について、次のように述べている。

楚は夷であるが、呉はもっと夷である。夷であればあるほど中国にとって害をなす度合いも大きくなった。（中略）聖人孔子が魯に抱いた希望は、ここに至って絶えてしまった。そのために『春秋』はここで終わっている。この見解は先儒の言い及ばないところであるので、ここで明らかにしておき、後世の判断に委ねる。

楚夷也、呉愈夷也。愈夷而愈為中国患。（中略）聖人望魯之意、至是絶矣。是故春秋於是終焉。斯義也、先儒偶未之及、故発明之以俟知者。

従来、春秋学では孔子が擱筆したのは哀公十四年の獲麟《かくりん》であるとされてきた。公羊伝と穀梁伝の経文はそこで終わっている。ところが、呂大圭は、むしろその前年の黄池の会こそが、孔子が春秋の記述を終える理由だったと説いている。それは要するに、孔子が春秋筆削を思い立った理由ということでもある。聖人孔子は、魯をはじめとする中国諸侯による尊王・攘夷の実現を断念し、史書のなかに微言大義を籠めることで後世に期待したというわけだ。獲麟という瑞獣出現を重視してきた旧来の天人相関思想と距離を置き、むしろ夷狄の跋扈にこそ孔子の嘆きを見ようとする点で、宋学の精神を象徴する解釈といえよう。この見解は彼自身の時事的所感によっていたのかもしれない。すなわち、「楚夷也、呉愈夷也」の楚を女真（金）、呉を蒙古（元）と置き換えて読むということである。こののち彼は宋が元に飲み込まれることに抵抗し、夷狄出身であった蒲寿庚（西アジア系とされる）に殺される悲劇に見舞われる。

呂大圭と同じく、元に投降するのを潔しとせずに死を選んだ人物として、文天祥がいる。彼は状元（科挙主席合格者）として官界のエリートだったが、権臣賈似道《かじどう》に楯突いて地方に出されていた。臨安（杭州）に危機が迫ると呼び戻されて宰相となり、元との交渉にあたる。宋政府は無血開城・無条件件降伏の道を選んだが、彼自身はレジスタンス運動に身を投じ、捕えられて大都（北京）に護送される。元世宗（クビライ）から臣従するように説得されたが応ぜず、刑死した。

彼の「正気歌」は朱子学の世界観にもとづいて、天地の正気が艱難時の英雄たちの行為として現れることを、いくつもの事例を列記して述べ、三綱・道義の前には生死は論ずるに足りないとして、自分が宋への忠節を貫いて死ぬ覚悟を詠った詩である。尊王攘夷という文言が登場するわけではないのだが、後世、宋の皇帝への忠節を尊王、元に屈服しなかったことを攘夷として解釈されるようになる［9］。

日本の江戸時代、この「正気歌」は広く読まれ、また同名の模倣作がいくつも作られた。それは西洋諸国の脅威を感じた人たちが救国を志し、みずからを文天祥の身に重ねて陶酔したからであった。そうした「正気歌」のうち、水戸学者藤田東湖のものには「英霊」という語が使われ、靖国神社遊就館において靖国祭神への呼称の語源と認定されている［10］。

水戸藩主徳川斉昭は東湖を側近として重用し、ペリー来航後の尊王攘夷論で指導的役割を果たしたことで知られる。名目上は彼の名による「弘道館記」には、徳川家康の功績を讃える文脈で撥乱反正《はつらんはんぜい》（乱をおさめて正常な状態に戻すこと）と並んで尊王攘夷を挙げる。水戸の弘道館には今も「尊攘」の二文字が掲げられている。「弘道館記」は実際には東湖が書いた文章で、さらに東湖が君命を奉じてその解説文として執筆した『弘道館記述義』では、「尊王攘夷」という一句に付けた注解として、織田信長・豊臣秀吉の尊王の実践を承けて徳川家康が天皇の臣下として振る舞ったさまが紹介される。つづけて、家康によるキリスト教禁圧政策を高く評価する。そして、日本の「王」はあくまでも天皇であるとし、徳川将軍に「日本国王」を自称させた事例（新井白石の朝鮮通信使への対応）を罵倒する。水戸学では徳川将軍家は尊王を実践すべき覇者として捉えられた。「征夷大将軍」という職名が、幕府は攘夷する責任があるという彼らの見解を正当化する。したがって、攘夷をせずに夷狄に屈して開国することは覇者としての資格を放棄するものだということに、論理的にはなる。尊攘派が幕府の開国政策を批判するのも、うべなるかなである。

藤田東湖に心酔していた吉田松陰にも「正気歌」がある。松陰は幼少時から父の薫陶を受けて尊攘思想に染まり、最後に江戸に送られる際の父への別離詩にも「小少尊攘志早決」と感謝する句が見える［11］。最近復刊された玖村敏雄の『吉田松陰』では、「父の教育」と題する一節で以下のように述べる。

四書五経の素読、頼山陽の楠公墓下の詩や詠史類、菅茶山の詩などはこうして父の口から兄弟の耳に入り直ちに口に出で、そうしてまた心臓にかえって行ったのである。特に注意すべきは父の尊皇精神の教育である。（中略）後にも述べるように松陰の国体的自覚は年齢と共に変化し深まって行ったが、而もその根底に力強く張って居た思想の根はこの少年時代に受けた父の尊皇的精神の教育である〔12〕。

「楠公」は楠木正成、南朝後醍醐天皇の忠臣である。彼に対する顕彰運動は『太平記』を読む行為のなかで開始され〔13〕、徳川光圀が墓石建立と「嗚呼、忠臣楠子之墓」という揮毫をしたことで尊王思想を象徴・体現する人物として偶像化され、この見解が頼山陽らによって幕末には一般化していた〔14〕。その正成イメージは、朱子学的な倫理・論理で潤色された「楠公」であり「楠子」であった。

この玖村の評伝はその刊行時期の社会状況を反映して、尊王思想を過剰に高く評価しているところがあるかもしれない。しかし、松陰が本質的には尊王攘夷論者であったこと、その思想形成が父や叔父による朱子学的知識の庭訓《ていきん》（家庭教育）によるものであったことは、史実としてゆるがせにできない。彼らにとって、日本独自の国体、すなわち『日本書紀』にある天壌《てんじょう》無窮《むきゅう》の神勅にもとづくとされる万世一系の天皇による統治は、何を措いても護持されるべき対象であった。『日本書紀』の創作自体がその思想資源を中国に借りたものであったし、とりわけ天壌無窮の神勅を特記・強調するのが江戸時代になって顕著化する現象であることは、これもまた朱子学受容の影響とみなすことができよう。

「四夷交侵、中国微矣」（『詩』六月篇の序）となる懼れが生じるなか、王たる天皇の権威・権力の恢復が図られる。「征夷大将軍」を職名とする覇者がその職務を果たしていないと尊王攘夷論者たちは判断し、代わって天皇の直接の威光によって国難を乗り切ろうとする。宋学者たちが遼や金の脅威を実感しつつ説いていた政治理念は、時間的・空間的な変容を経て日本の歴史にも大きな影響を及ぼしたのである。

注

【1】土田健次郎訳注『論語集注4』（平凡社東洋文庫八五八、二〇一五年）の四六〜五八頁を参照。

【2】ここ、趙汸は「彊（つよい）」ではなく「疆（さかい）」字を書いたのかもしれない。その場合は、楚はあくまでも夷狄の疆域にあって中華ではないと論じていたことになろう。

【3】楚の荘王は、『史記』・『荀子』等で五覇を列記する場合に加わっている。『漢書』諸侯王表は彼を外しているものの、代わりに呉王夫差を数えている。

【4】諸橋轍次『儒学の目的と宋儒の活動』（初版は大修館書店から一九二九年に刊行。一九七五年に同社から刊行された著作集第一巻に所収）でかなり詳細な紹介がなされている。佐藤仁『宋代の春秋学――宋代士大夫の思考世界』（研文出版、二〇〇七年）は第一章で孫復を取り上げている。

【5】公羊学では十二公を隠・桓・荘・閔・僖、文・宣・成・襄、昭・定・哀に三区分する。

【6】「朝」は君主が臣従する相手の居所に伺候することで、『春秋』では附庸の諸侯が魯に「朝」する事例が数多く、この同じ襄公二十八年にも夏に「邾子来朝」とある。

【7】同じくこの年十二月には周霊王が崩御しているのだが、当然、魯襄公はその葬儀には参列していない。『春秋』の日付によれば、周霊王の崩御が甲寅、楚康王の死去が乙未でその四十一日後ということになるから、公羊学などの後世の解釈ではこの月には閏月が

あったとされる。だとすると、襄公の楚滞在は足かけ八ヶ月である。

【8】蒲寿庚は西アジア系ムスリム海商出身だったとされる人物で、宋から泉州の提挙市舶司に任じられ、水軍を掌握していた。彼が元軍に投降したことで元は国際交易港泉州を無傷で入手できた。桑原隲蔵『蒲寿庚の事蹟』(平凡社東洋文庫五〇九、一九八九年。原題は『宋末の提挙市舶西域人蒲寿庚の事蹟』で、東亜攻究会より一九二三年に刊行された)を参照されたい。

【9】おそらく、中国で明代に蒙古批判のなかでこうした解釈が成立していたと思われるのだが、この経緯については具体的な事情を解明できていない。

【10】詳細は拙著『増補　靖国史観』(ちくま学芸文庫、二〇一四年)を参照していただきたい。

【11】『吉田松陰全集』第七巻の五一六頁に載る。

【12】玖村敏雄『吉田松陰』(文春学藝ライブラリー、二〇一四年)の二七〜二九頁。なお、この評伝の初出は一九三六年である。

【13】『太平記』がその後の政治思想に対して持った意味について、若尾政希『「太平記読み」の時代——近世政治思想史の構想』(平凡社、一九九九年)、兵藤裕己『太平記〈よみ〉の可能性——歴史という物語』(講談社学術文庫、二〇〇五年。初出は一九九六年)などがある。

【14】頼山陽の『日本外史』は『春秋左氏伝』の内容・文体を模している。江戸時代の春秋学については今後慎重に検討していきたいが、左伝が文章の規範として盛行していたこと、科挙との連動性がないため胡伝など宋学系の書物があまり学ばれなかったことが想像される。

水戸学の天皇論——現行制度を再検討するために

二〇一六年八月八日、天皇陛下が日本国民に向けて行った講話が動画映像で公開・配信された(宮内庁、二〇一六年)。譲位という表現は直截に使われていなかったものの、実際には「私はもう皇太子に位を譲りたい」という意向の表明だった。歴代天皇の皇位継承は、死去による事例よりも生前の譲位の方が多い。ところが、一八九九年に法典(皇室典範)で生前譲位を禁じ、過去三代の天皇は死ぬまで天皇だった。このやり方を思想的に支えたのは、十七世紀に誕生した水戸学であった。

水戸学は十九世紀の尊王攘夷の運動を導き、明治維新に大きく貢献した。日本の国粋主義思想は、国学をはじめとしてその多くが水戸学から思想資源を得ている。そして、一九三〇年代には天皇を神格化する動きの理論的根拠ともなった。そのため、一九四五年の敗戦後は批判にさらされる一方、いわゆる右翼勢力には今でも水戸学の思想的立場・歴史認識を護持している者が多い。

それまでの慣行であった生前譲位を禁じたのは、天皇の権威を尊ぶために仏教を排斥するという水戸学の使命感からだった。その論理は彼らの歴史認識の特殊性に由来する。それは十七〜十八世紀には異様な見解だったが、十九世紀なかばまでには主流派になっていた。以来、過去二百年間の天皇のあり方は、水戸学の見解に染まっている。この論文では、それを次の三つの具体例から論じる。一世一元《いっせいいちげん》制度（一人の天皇に一つの元号という制度）の提案、代数の数え方の変更、葬制を古代の制度に戻すこと、である。

天皇のあり方が転機を迎えている現在、私は日本国を愛する一人の国民として、以上のことを思想史的に検証し、歴史的・学術的に正確な天皇像を伝えたい。

一世一元

水戸学概観

水戸学とは、江戸時代に徳川将軍家の親戚であった水戸の封建諸侯、水戸徳川家のもとで栄えた儒学の流派で、もともとは朱子学に属す。その第二代の当主徳川光圀（一六二八〜一七〇〇）は、日本版の『史記』を編纂することを企画し、多くの学者を雇ってその編集局を開設した。以後、一九〇六年に完成するまで約二五〇年間、水戸藩はこの史書編纂事業を代々受け継ぐ最大の事業とした。一九〇六年というのは明治維新の三十八年後であり、すでに江戸幕府も水戸藩も存続していなかった。この史書は『大日本史』と呼ばれている。

『大日本史』は尊王攘夷を主眼とする史書だった。尊王攘夷思想は、儒教が中国の史書『春秋』を解釈するなかで育んできた思想で、君主の権威を擁護して異民族を国外に排斥することをその内容としていた。特に朱子学ではこの点が力説され、日本ではやがて大義名分（偉大な正義と正しい呼称）という語で表現されるようになる。史書は単に過去の出来事を記録するのが目的ではなく、そこに倫理的・政治的評価を加えてこそはじめて意味を持つとする考え方である。『大日本史』は、日本の過去を尊王攘夷の視点から描こうとした。

朱舜水先生終焉之地碑（東大構内、著者撮影）

光圀の生前、中国では明（一三六八～一六四四）から清（一六一六～一九一二）への王朝交代が起きた。しかも、清の支配民族は漢族ではなく満洲族だった。儒教でいう「夷」だったのである。この事件は日本にも衝撃を与えた。反清闘争の闘士朱舜水（一六〇〇～一六八二）が来日し、光圀は彼を自分の邸に引き取って庇護した。

前田綱紀《まえだつなのり》（一六四三〜一七二四）は光圀の甥（姉の子）で、やはり朱子学を愛好しており、邸も水戸藩の隣にあった。ある時、舜水は綱紀から一枚の絵を見せられる。日本の歴史に詳しくなかったであろう舜水に、おそらく誰かが次のような解説をしたはずである。

「この絵は楠木正成という武士を描いている。正成は天皇に対する忠節を尽くして壮烈な戦死を遂げたので、私たち武士は彼を今でも深く尊敬している」と。

舜水は感銘を受け、さっそく一篇の文章を著して楠木正成（?〜一三三六）の功績を讃えた。その文章はもちろん（日本語ではなく）中国語で書かれた。光圀もまた、正成ファンだったので、やがて光圀が正成の墓を修築した際に舜水のこの文章をその墓石の裏面に刻み、表面には自身が揮毫した。曰く、「嗚呼忠臣楠子之墓」。『大日本史』でも、正成は大義名分のために死んだ、正義を体現する人物として描かれることになる。

『大日本史』は光圀の生前には完成せず、その後の水戸藩歴代藩主に引き継がれた。一八世紀はいわば中だるみの状況で編纂作業は遅々として進まなかったが、十九世紀に入ると藤田幽谷（一七七四〜一八二六）や会沢正志斎（一七八二〜一八六三）らが編纂局に入所して、ふたたび活性化する。ただ、一八五〇年代は日本全土が政治的動乱期に突入し、水戸藩は藩主を務めた徳川斉昭（一八〇〇〜一八六〇）の指導下に尊王攘夷派の旗頭として活躍したため、その完成はさらに遅れた。

明治改元

一八六八年、いわゆる明治維新が成就する。この画期を記念して、日本古来の元号制度が大きく変更された。その思想資源となったのは、水戸学を経由した朱子学であった。

岩倉具視（一八二五〜一八八三）は江戸幕府を打倒する運動の中心人物で、明治新政府で重責を担った。彼は中級の貴族（公家）であり、武士出身ではない。新政府は、昔から政変があった場合の慣習に遵って、また、二年前に皇位に即きながらまだ代替わりの改元をしていない天皇のためにも、新しい元号を定めようとした。その折に岩倉は、藤田幽谷が書いていた「建元論」の意見を採用して「一代一号」とすることを提案した。

こうして一八六八年はその途中（東アジアの暦で九月八日、グレゴリオ暦で十月二十三日）で慶応から明治への改元がなされ、あわせて「今後はこれまでの制度を改め、一世一元とする」ことが天皇の詔として布告された。なお、この詔書には「慶応四年を明治元年にせよ」とあり、法的には一月一日に遡って改元したことになっているという（高橋・所、一九九八年、一二八〜一二九頁）。この解釈が正しければ、この年の一月三日（グレゴリオ暦で一月二十七日）に始まった戊辰戦争が、史書では明治元年の出来事として記載されるようになることを意識したからであろう。ただし、この類の文言は中国で古くから見られるもので、「改元当日以降を○○元年とする」意味だ。

ところで、藤田幽谷はどのような論理で一世一元を主張していたのだろうか。

彼の「建元論（元号をたてることについて）」は一七九一年に書かれ、以下のような論理である。

元号制度は漢の武帝（在位、紀元前一四一〜八七）に始まるから太古の聖人の制度というわけではないけれども、聖人の意図をふまえたものだった。ただ、君主が即位することが「元《げん》（はじめ）」なのであるから、在位中にしばしば改めるのは改元の濫用だ。明では建国以来、新しい皇帝が即位した翌年のはじめに一度だけ改元するようにした。謝肇淛《しゃちょうせつ》（一五六七〜?）がこの制度を絶賛しているのは正しい。日本でも今後ずっとこれに遵って一世一元制度に改めるべきである、と（藤田、一九三五年、二二九〜二三一頁）。謝肇淛は晩明の人で、その『五雑組』巻一五に「改元」と題する一章がある。

中国では明が朱子学を体制イデオロギーに採用するのにともない、一世一元制度を採用していた。一三六八年で、日本の一世一元採用（一八六八年）よりもちょうど五百年前のことだった。岩倉たちもこの事実は知っていたわけだが、日本での制度採用にあたっては、「中国がそうしているから」という理由ではなく、水戸学者で尊王攘夷主義者の藤田幽谷が主張していたから採用するのだとした。これと同じように、明治政府が実施した政策のなかには、思想資源を朱子学に借りていながらそれを明言しないものが多い。私は、かの靖国神社もその一つだと考えている（小島二〇一四年、および本書「正気歌の思想」）。

天皇代数

『大日本史』の三大特筆

『大日本史』には、天皇について、従来の史書と違う三つの特色があり、三大特筆と呼ばれる。

（1）神功皇后を天皇代数に数えない。
（2）壬申の乱（六七二）で敗れた大友皇子は天皇に即位していた。
（3）南北朝時代の正統な天皇は南朝である。

三大特筆は「事実を直写したにすぎない」という評価もある。しかし、そうであるにしても、直写することによって君主の継承法に関する規範を示そうというのが、その意図であった。ただ、「歴史の意味と歴史への感受性とが『大日本史』の時代と今とではすべて変わっている」（橋川、一九七四年、一五〜一六頁）。遺憾ながら、現在の日本で三大特筆の「意味」を知っている人は少ない。今でもこの歴史認識の上で現憲法が定める象徴天皇制が継続しているにもかかわらず、である。

神功皇后（架空の人物か）は第一四代仲哀天皇（架空の人物か）の皇后で、夫が急死した時に妊娠していた。まだ生まれていない我が子を天皇にするため、自分が不在の天皇の代理となって新羅遠征軍を統率し、さらに別の妃が生んだ仲哀天皇の皇子たちと皇位継承戦争を行って勝利している。そして、『日本書紀』によれば摂政すること七〇年間（七年間では無い！）に及んだ。そのため、名義は皇后でありながら実際は天皇として扱われ、第一五代として天皇代数に算入されていた。『大日本史』はこれを訂正し、彼女の息子の応神天皇（実在したとすれば西暦四世紀後半）を第一五代天皇に認定する。つまり、以後の歴代天皇は一つずつ代数を繰り上げて数えることになる。

神功皇后は、三世紀に実在した卑弥呼という女王をモデルにしている。卑弥呼は中国の皇帝に使節を派遣し、日本（の一部）の統治者としての地位を皇帝に認めてもらった（二三八年）。日本では、神功皇后が新羅を服属させたという伝承を作ることによって、昔から日本が中国と東アジアの覇権を競う強国であったと主張した。

『大日本史』が彼女を天皇代数から外したのは、彼女の新羅征服戦争政策を批判するからでは無い。むしろこの点に対しては好意的である。そうではなくて、彼女が女性だからであった。

青山延于《あおやまのぶゆき》（一七七六〜一八四三）は水戸藩に仕え、藤田幽谷の同僚として『大日本史』編纂を担当した。彼が私人の立場で撰述した『皇朝史略』（一八二六年）は、当時、頼山陽《らいさんよう》（一七八〇〜一八三二）の『日本外史』と並ぶ人気を博したという。公的な『大日本史』では言うのを憚ったであろう過去の天皇への批判が随所に述べられており、水戸学の歴史認識を率直に示している。推古天皇（在位五九二〜六二八）に対する批評として、「神功皇后が政務に臨むと日光が暗くなり、推古天皇が即位すると真夏に雪が舞った。陰の気が盛んになることによる応答はこのようであった」（青山、一八二六年、巻二―二四丁裏）と言う。女性（陰に属す）が政権を握ったのはあるべき秩序からの逸脱で、そのため陰の気が強まる天変を招いたと、天人相関思想によって説明しているのだ。

卑弥呼と並んで、『日本書紀』における神功皇后の造形には、『日本書紀』が編纂されていた頃の中国に君臨していた武則天（在位六九〇〜七〇五）の影響が見て取れる。英語では、皇帝の夫人も、自身皇帝になった女性も、同じくEmpressと呼ぶけれども、中国語や日本語では両者は語彙として区別される。則天の場合は単なる「皇后」ではなく、明確に「皇帝」を名乗っている。また、より直接的には、武則天と同時期に日本を治めていた女帝、持統天皇（在位六九〇〜六九七）をモデルにしている面もある。持統も「皇后」から「天皇」になった。神功は皇后なのであるが、史書において実質的に天皇としての扱いを受けてきたのは、彼女たちとの類似性があったからだろう。

ところが、中国では宋（九六〇〜一二七六）になってから、武則天は史書で強く批判されることになる。朱子学もこの立場であり、息子を斥けて君主となったことが、男尊女卑・男外女内の秩序に合わないとされた。宋では同じような場合、皇后は皇太后として摂政するに止まり、決して皇位には即いていない。水戸学は思想的には朱子学に属する。神功皇后は皇太后としての摂政であるから天皇代数に数えないという判断は、この点から筋が通っていた。

もっとも、推古天皇や持統天皇のように正式に天皇に即位した女帝については、『大日本史』も代数に算入している。しかし、女帝はあくまでも非常事態の異例であるというその歴史認識は、一八八九年制定の皇室典範において天皇を男性に限定することのひとつの根拠となった。

壬申の乱は、天智天皇（在位六六八～六七二）の死後、その子と弟とが、おじとおいの間で皇位を争った事件である。敗者の大友皇子は『日本書紀』以来、皇位に即いていないとされてきた。しかし、『大日本史』では敗れて死ぬまで八ヶ月間の在位を認め、天皇大友として代数に数えている。晩年の天智天皇が後継者として指名していたのは弟の大海人《おおあま》皇子（天武天皇、在位六七三～六八六）ではなく、子の大友皇子だったからである。しかも、即位当初は輿論に支持されていたと『皇朝史略』は評価する（青山、一八二六年、巻三―五丁表）。この見解が採用されて、一八七〇年には弘文天皇という諡《おくりな》（死後に贈られる美称）が正式に定められた。

そして、もう一つが南北朝の正閏論《せいじゅん》（どちらが正しく真の天皇かという議論）であった。水戸学では、従来一般的にそうみなされてきたのとは逆に、最終的には負けた南朝の方を正統の天皇だと認定した。

皇統の分裂

南北朝正閏問題を論じるために、十三～十四世紀の状況について説明をしておく。

後嵯峨天皇（在位一二四二～一二四六）は、皇位継承の非常事態のなかで即位した。先帝たる四条天皇（在位一二三二～一二四二）の急死である。四条天皇はまだ十一歳で子がおらず、また兄弟もいなかった。そこで、四条天皇とは再従兄弟《またいとこ》の関係にある後嵯峨天皇が擁立されたのである。後嵯峨天皇の父は土御門天皇（在位一一九八～一二一〇）で、その父後鳥羽天皇（在位一一八三～一一九八）

が上皇として実権を握っていた。後鳥羽上皇は、土御門天皇よりもその弟の順徳天皇（在位一二一〇〜一二二一）を可愛がり、皇統をそちらに伝えようとしたため、土御門天皇から順徳天皇への譲位をさせた。その後、後鳥羽上皇と順徳天皇は鎌倉幕府を武力で倒す計画を立て、順徳天皇は息子に譲位する。結局、彼らは幕府軍に敗れ、後鳥羽・土御門・順徳の三人の上皇は流罪となり、天皇（順徳天皇の子）は廃位されて、後鳥羽上皇の兄の子である後堀河天皇（在位一二二一〜一二三二）が擁立された（承久《じょうきゅう》の変）。彼が四条天皇の父である。四条天皇が急死した時、他に順徳上皇の皇子もいたのだけれども、承久の変で首謀者だった順徳上皇ではなく、倒幕に消極的だった土御門上皇の子孫に皇統を継がせることが、貴族たちや幕府の意思だった。なお、一二二一年に八十日間だけ在位して廃位された天皇は、六百五十年後の一八七〇年、水戸学のお蔭で正式な天皇として認められ、仲恭天皇という諡を得る。

さて、後嵯峨天皇はこのような経緯で即位したのだが、在位四年で息子の後深草《ごふかくさ》天皇（在位一二四六〜一二五九）に譲位する。ここまで、後鳥羽・後堀河・後嵯峨・後深草と、「後」が付く称号の天皇たちを紹介したので、この語について説明しておきたい。順徳・仲恭は諡という種類の称号だが、この時代の天皇の多くは追号《ついごう》（院号《いんごう》とも呼ぶ）という種類の称号で呼ばれる。これは引退後の居住地や埋葬地に由来するのがふつうで、堀河は京都市内を流れる川の名、鳥羽・嵯峨・深草はいずれも京都近郊の地名である。ここで紹介した天皇たちにみな「後」字が付くのは、すでに彼ら以前に同じ追号で呼ばれる天皇たちがいたからである。ただし、深草という追号の天皇は、公式には諡で仁明天皇（在位八三三～八五〇）と呼ばれている。嵯峨天皇（在位八〇九～八二三）と仁明天皇は父子だったので、その関係が後嵯峨天皇と後深草天皇に投影されてもいる。

ただし、嵯峨上皇が「深草天皇」こと仁明天皇を可愛がったのとは異なり、後嵯峨上皇は自分のこの後継者を可愛がっていなかったのかもしれない。というのは、後鳥羽上皇がそうしたのと同じく、後嵯峨上皇も後深草天皇に弟への譲位をさせているからだ。亀山天皇（在位一二五九～一二七四）である。そして、これが皇統分裂の始まりだった。

亀山天皇は譲位して自分の息子を皇位に即けた。後宇多天皇（在位一二七四～一二八七）である。しかし、後深草上皇は鎌倉幕府の援護を得て、その次の天皇を自分の息子にすることに成功する（伏見天皇：在位一二八七～一二九八）。この後、伏見天皇の皇子たち（後伏見天皇：在位一二九八～一三〇一、花園天皇：在位一三〇八～一三一八）と、後宇多天皇の皇子たち（後二条天皇：在位一三〇一～一三〇八、後醍醐天皇：在位一三一八～一三三九）が交互に天皇になった。両派が拠点にした寺院の名を取って、前者を持明院《じみょういん》統、後者を大覚寺《だいかくじ》統と呼ぶ。

後醍醐天皇は一三三一年に鎌倉幕府に対する反乱を企て、後鳥羽上皇同様に失敗して彼と同じ場所（隠岐島）に流罪となった。代わって、持明院統から後伏見の皇子の光厳天皇（在位一三三一～一三三三）が即位した。ところが、後醍醐天皇を支持する勢力が一三三三年に鎌倉幕府を滅し、後醍醐は天皇として京都に帰還した。この時、光厳天皇は廃位ではなく、そもそも即位していなかったことにされている。『皇朝史略』では、にもかかわらず光厳に上皇の称号を認めたことが、

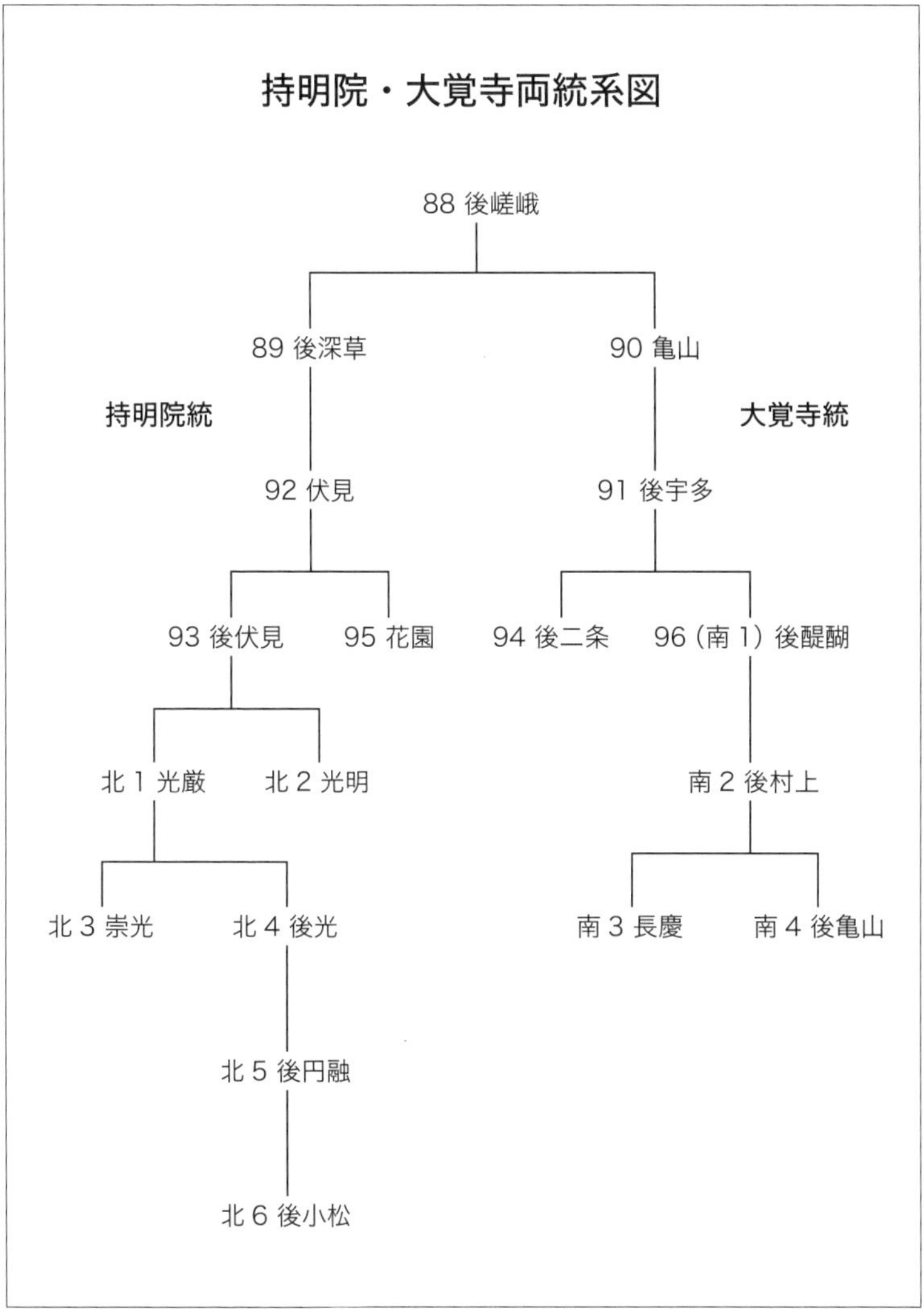
持明院・大覚寺両統系図
88 後嵯峨
89 後深草
90 亀山
持明院統
大覚寺統
92 伏見
91 後宇多
93 後伏見
95 花園
94 後二条
96（南 1）後醍醐
北 1 光厳
北 2 光明
南 2 後村上
北 3 崇光
北 4 後光
南 3 長慶
南 4 後亀山
北 5 後円融
北 6 後小松

南北朝時代の天皇系図

次の事件につながる失策だったと批判する（青山、一八二六年、巻一一―二〇丁裏）。

事件は一三三六年に起きた。足利尊氏（一三〇五～一三五八）が後醍醐天皇に対する反乱を起こし、敗れて西に逃げて行く際、光厳上皇に助力を求めたのである。光厳上皇は「院宣《いんぜん》」（上皇が出す命令書）を発給して、尊氏の戦争行為が反乱ではなく、持明院統と大覚寺統との皇位争奪戦争であるという名目を与えた。尊氏は瞬時に形勢を逆転させて京都に戻り、光厳上皇の弟の光明天皇（在位一三三六～一三四八）を即位させた。後醍醐天皇は五年前と同じように譲位すると見せかけて、警護のすきを見て脱出し、京都の南方八〇キロの吉野に仮の宮廷を置いた。以後、京都の持明院統の天皇たち（北朝）と吉野の大覚寺統の天皇たち（南朝）と、同時に二人の天皇が並び立つ、南北朝時代となる（一三三六～一三九二）。

この分裂を収束させたのは、尊氏の孫足利義満（一三五八～一四〇八）だった。彼は形式的には、南朝の後亀山天皇（在位一三八三～一三九二）が北朝の後小松天皇（在位一三八二～一四一二）に譲位することで決着を付けた。つまり、南朝側は自分たちが自主的に皇位を譲ったという名誉を手に入れ、北朝側は自分たちが統一後も天皇でありつづけるという実利を得た。そして、この点が十七世紀の水戸学において大問題となる。

南朝正統論

徳川光圀が『大日本史』の編纂を始めた当時、一般的な歴史認識としては、北朝（持明院統）の方を正統な天皇とみなしていた。十五世紀以降の実際の天皇たちは持明院統であり、光厳天皇を含めた北朝の天皇たちの方を皇統譜の代数に算入していた。徳川将軍家や水戸徳川家に名誉職としての位階を与えてくれる当時の天皇たちは、自分が持明院統であることを何ら恥じてはいなかった。

光圀はこれとは異質な歴史認識を持ち込んだ。名分上、後醍醐天皇は最後まで正統な天皇だったのであり、足利尊氏は君主に背いた逆賊である、と。光圀以前に、十七世紀には、十四世紀に成立した歴史物語『太平記』を通じて、南朝にやや同情的な認識が広まっていたことも一因であった。だが、決定的な理由は、やはり朱子学の影響だった。

中国の朱子学は中国の南北朝時代（四二〇～五八九）について、南朝正統史観を堅持する。また、遡って、三国時代（二二〇～二八〇）では蜀（二二一～二六三）を正統王朝とする。君臣秩序から見た名分論上、魏（二二〇～二六五）や北魏（三八六～五三四）の正統性を認めることはできないという理論だった。実際には、三国時代を収束させたのは魏の後継王朝である晋（二六五～四二〇）だったし、南北朝を武力で統一したのは北朝系の隋（五八一～六一八）だった。

前述した楠木正成への顕彰も、この文脈に属する。正成は、ちょうど蜀における諸葛亮（一八一～二三四）の如く、忠義に篤く智謀に長じた人物として称賛された。ともに戦場で没するという悲劇もあわせて、英雄として崇拝された。一八六〇年代に江戸幕府を倒すことを志した武士たちは、正成を模範として仰いだ。一八六九年、政府は、徳川光圀が修築した彼の墓を改修し、国家神道を代表する神社の一つとして湊川神社を造ることを命じた。この事業は、一八七九年に靖国神社と改称する東京招魂社の造営と同じ年になされている。一方は十四世紀に、他方は十九世紀に、天皇のために戦って死んだ人物たちを祀る神社である。

楠木正成と逆に、足利尊氏は逆賊として貶められた。学校教育でも、正成は正しく、尊氏はまちがっていると教えられた。そしてこれも、一八六八年の内戦（戊辰戦争）において、新政府の側が正しく、幕府擁護勢力はまちがっているという歴史認識に対応していた。水戸学の南朝正統史観は、明治維新を歴史的に正当化するための道具に使われたのである。ただ、奇妙なことに、明治天皇は持明院統の子孫だった。

そして、現在もなお、天皇が行う祖先祭祀では、南朝の天皇たちを正統、北朝の天皇たちを閏統として扱っている。代数の数え方も、南朝を通じて皇位が継承されたという立場から、今上陛下を第一二五代としている。

天皇復権

天皇号と諡の復活

生前譲位のいまのところ最後の事例は、光格天皇（在位一七七九～一八一七）であった。二〇一六年八月の天皇の譲位意向表明の際に、「二百年ぶりの生前退位」と報じられたのはそのためである。光格天皇は譲位して上皇となってから二十三年後、一八四〇年に崩御している。

光格天皇は天皇のあり方を変えて、明治維新のあとの天皇制につながる施策をいくつも行った重要人物だった。宮中の祭祀や皇居の様式を古制に戻したりしている。その思想資源は水戸学、もしくは水戸学に刺激されて形成された国学に由来している。

天皇という称号も彼において復活している。現在では史書・教科書にたとえば「後嵯峨天皇」という記載がなされている。しかし、これは光格天皇の方針とそれを継承した明治政府の政策によってそうなったものであり、元を糾せば『大日本史』や『皇朝史略』などの水戸学における記載方法だった。後嵯峨天皇の当時、史書での呼称は「後嵯峨帝」もしくは「後嵯峨院」だった。漢字の「帝」は、中国風に「てい」とも、日本語として「みかど」とも発音された。この慣習は九世紀に始まる。ちょうど、諡に代えて追号を用いるようになるのと同時期である。前に挙げた例で説明すれば、仁明天皇のことを「深草帝」とも表現するのに対応している。つまり、光格天皇の先代の後桃園天皇（在位一七七〇～一七七九）までは、天皇ではなく帝・院を付けて呼ばれていたのだ。

光格天皇は後桃園天皇とは再従姉弟の関係にある、傍系から即位した天皇だった。実父がなお存命であったので、その待遇をよくするために彼に上皇の尊号を贈る許可を幕府に求めるが、拒絶される。これが「尊号一件」と呼ばれる事案で、これを機に尊王思想が社会に広まったと評されている。当時の将軍徳川家斉（一七七三～一八四一）も傍系出身で、同じく実父の待遇改善を企てたものの、臣下たちに止められている。

光格天皇は天皇という呼称とあわせて、諡も復活した天皇だった。千年来、諡を与えられるのは、順徳天皇のように、政争に敗れて京都以外の土地で悲惨な最期を迎えた天皇たちの怨霊を鎮める場合に限られていた。一八四〇年、光格上皇が崩ずると、地名等に由来する追号ではなく、光格という諡が贈られた。

水戸藩では歴代藩主に正式に諡を定めており、光圀は義公、斉昭は烈公だった。当時、徳川将軍をはじめとして諸侯たちはいずれも仏教式の呼び名（これも院号と呼ぶ）を与えられ、たとえば家斉は文恭院殿《ぶんきょういんでん》と呼ばれていた。これと同じく、天皇の追号も九世紀に生前譲位が常態化するとともに、皇室葬儀が仏教式で定着するのと一体の現象だった。水戸藩では光圀以来、神道と儒教の混淆方式で葬礼を実施し、そのための墓域を瑞竜山《ずいりゅうさん》に設けていたこともあって、儒教式の諡を用いていた。そして、光格上皇に諡を奉ることを提案したのは、水戸藩主の徳川斉昭だった（井上、二〇一三年、二二五頁）。諡の復活は、水戸学が主張する、仏教からの神道・儒教の自立が、ついに天皇家にまで及んだことを示している。当事者たちの意識としては古代の正しい風習への復古であったけれども、思想史的には朱子学・水戸学・国学の普及にともなう新しい現象なのである。

なお、諡に「光」字が付く天皇は過去にも何人かいて、光仁天皇（在位七七〇〜七八一）や光孝天皇（在位八八四〜八八七）のように、光格天皇同様、先帝の息子ではなく、皇統が横にずれる場合の初代である事例が多い。光孝天皇と光格天皇は、千年近い間隙を挟んで諡と天皇号で揃って呼ばれる古代最後と近世最初の天皇だった（井上、二〇一三年、二二四頁）。その後二百年、今上陛下に至る七代はすべて父子関係での相続であり、歿後は諡・追号をもって「○○天皇」と呼ぶのが正式である（明治天皇以降は、一世一元制度の利点を活かして、元号をそのまま追号に使うのが慣例となっている）。

陵墓改制

六世紀以前の天皇（まだこの呼称は無かったが）の墓は、小高い丘を築いて造営される巨大なものだった。エジプトのファラオや中国の皇帝に見られるのと共通する、王権の威信を視覚的に示す目的だったと考えられている。ところが、七世紀に仏教が広まると墓は次第に小さくなり、九世紀以降は寺院に塔を設ける程度になっていく。天皇は自分たちの先祖の墓に詣でて祀る行為をしていない。

京都の南東郊にある泉涌寺《せんにゅうじ》は一二四二年に四条天皇の葬儀を執行し、十四世紀には北朝天皇の葬儀を独占的に実施して以来、「皇室専用」となる（井上、二〇一三年、一四五頁）。墓地も、十四世紀以降は後深草天皇をはじめ一二名の天皇が伏見にある深草北陵に、十七～十八世紀の天皇は続けて十一名が当時は泉涌寺境内の月輪《つきのわ》陵に葬られている。光格天皇からの三代も、現在の正式名称こそ違え、場所としては同じ泉涌寺に墓が営まれた。ただし、墓は仏教式に遺体を火葬して遺骨の状態で葬るための場所にすぎず、先祖の霊魂は墓ではなく、宮中祭祀や仏教寺院での供養によって祀られた。

　他方、天皇の墓はもともと仏教寺院とは別に造営されていたことを再認識し、それを顕彰しようという思想運動が、儒学・国学の側から提起される。その象徴として初代の神武天皇の陵墓探しが始まる。徳川光圀は幕府に神武天皇陵の整備を建白したけれども、そもそも神武天皇の墓がどこにあるのかすらわからなかったために具体化しなかった。一八三四年には徳川斉昭が、光圀の遺志を継承して修築を建議している（外池、二〇〇〇年、四四頁・井上二〇一三年、二一九～二二〇頁）。斉昭は一八四〇年の光格上皇の崩御に際して、古代式の山陵建設も提案した。

　蒲生君平《がもうくんぺい》（一七六八～一八一三）は若い頃から六歳年下の藤田幽谷と親しく、水戸学の思想的影響を強く受けた。彼は『大日本史』の「志《し》（制度沿革）」がまだ無いことを憂慮し、自分がそのもとになるものを作成しようと志す。そして、歴代天皇の陵墓の現状を調査して『山陵志《さんりょうし》』を著した。この作業も幽谷との交友の結果だろうという推測がなされている（遠藤、一九七四年、七七頁）。

　一八六二年、宇都宮藩が提案して、同藩の負担で陵墓修築が大規模に実現し、神武天皇以下歴代の天皇陵が整備された。宇都宮は蒲生君平の故郷であったし、同藩は当時尊王攘夷派が実権を握っていた。一八六六年に孝明天皇（在位一八四六～一八六六）が急逝すると、その墓は千年ぶりに仏教の手を離れ、泉涌寺のそばに山陵として営まれた。もちろん、火葬ではなく土葬である。孝明天皇から四代続けて、この方式が踏襲されている。水戸学は天皇の墓葬制度も変えたのである。

神武天皇陵（写真提供・宮内庁書陵部）

なお、今上天皇陛下は、二〇一三年に自身の葬制について意見を表明し、孝明天皇以来の山陵制度を踏襲しつつも、土葬を止めて火葬に戻すことを強く希望しておられる（宮内庁、二〇一三年）。

おわりに

一八七〇年に熊本藩から中央政府に提出された建白書は、「『王政』の理念のもとに天皇を頂点とした民政機構の形成を進めてきた」実績にもとづいていた（池田、二〇一三年、五六頁）。儒教の王道（倫理的に正しい王による徳治主義の政治が実現すること）の理想を、この時期の為政者たちは中央・地方のレベルにかかわらず、夢に見ていた。その象徴が天皇だった。

天皇は一八六〇年代以降、政治の表舞台に登場してさまざまな思想的立場の者たちに利用されていく。長らく日本の政治・社会を支えていた仏教に代わって、統治原理として用いられるようになったのは、西洋由来の近代国家の理念と、日本風に脚色された朱子学的伝統思想との混淆物によるものだった。天皇はまさにその象徴だった。しかしながら、その先には一九四五年の破局が待っていた。

日本の敗戦後、連合国軍総司令部（GHQ）は侵略戦争遂行の思想資源となった図書を没収して閲読を禁じたが、そのなかには水戸学関係の図書が四十冊含まれている（西尾、二〇一五年：付録2、頁番号無し）。「GHQの没収対象本の中ではどうやら狙い撃ちにされて、排除された主要テーマの一つであった」（西尾、二〇一五年、三二四頁）。水戸学が近代天皇制のイデオローグであったと、戦勝国から認識されていたことを示している。

GHQの諸政策によって、あるいは、その後も絶えざる圧力や介入によって、米国は日本を理想的で従順な同盟国として育て上げてきた。しかし、その裏面には、水戸学の亡霊が今なおうごめいている。天皇をめぐる諸制度が一九四五年を境に大きく改定されたはずであったにもかかわらず、一世一元、皇統譜、陵墓制といった諸々の点で水戸学の遺産をいまも継承していることは、その証拠である。そして、より重要なことは、こうした動きがごく少数の確信的な右翼によって担われているのではなく、その由来を知らないにもかかわらず、広い大衆的基盤を持つ国民意識によるものだということである。

付記：本稿は英語での公刊を予定して書かれている。そのため、内容の一部が拙著『天皇と儒教思想』（光文社新書、二〇一八年）と重なっている。

関連文献一覧

【単著・編著】

網野善彦他編『宗教と権威』（天皇と王権を考える4、岩波書店、二〇〇二年）
青山延于『皇朝史略』（水戸藩、一八二六年）
遠藤鎮雄訳編『史料　天皇陵――山陵志・前王廟陵記・山陵図絵』（新人物往来社、一九七四年）
尾藤正英『江戸時代とはなにか――日本史上の近世と近代』（岩波書店、一九九二年）
藤田幽谷『幽谷全集』（菊池謙二郎編、非売品、一九三五年）
橋川文三編・訳『藤田東湖』（日本の名著29、中央公論社、一九七四年）
市沢哲『太平記を読む』（吉川弘文館、二〇〇八年）
池田勇太『維新変革と儒教的理想主義』（山川出版社、二〇一三年）
井上亮『天皇と葬儀――日本人の死生観』（新潮社、二〇一三年）
小島毅『増補　靖国史観』（筑摩書房、二〇一四年）
宮内庁（「今後の御陵及び御喪儀のあり方についての天皇皇后両陛下のお気持ち」（http://www.kunaicho.go.jp/kunaicho/koho/goryou/pdf/okimothi.pdf,2013）
宮内庁「象徴としてのお務めについての天皇陛下のおことば」（http://www.kunaicho.go.jp/page/okotoba/detail/12#41,2016）
黒田俊雄編『国家と天皇――天皇制イデオロギーとしての仏教』（仏教と日本人2、春秋社、一九八七年）
黒塚信一郎『歴代天皇・女帝早わかり手帖』（三笠書房、二〇〇五年）
西尾幹二『維新の源流としての水戸学』（ＧＨＱ禁書開封11、徳間書店、二〇一五年）

関幸彦『「国史」の誕生――ミカドの国の歴史学』（講談社、二〇一四年）
清水正之『日本思想全史』（筑摩書房、二〇一四年）
高橋紘・所功『皇位継承』（文藝春秋、一九九八年）
外池昇『天皇陵の近代史』（吉川弘文館、二〇〇〇年）

4 フォースと共にあれ

——理気論の人間観

朱子学の理気論・心性論

はじめに

朱子学の思想の根幹をなすのは理気心性の学です。その話を始める前に、朱子学入門として本を三冊紹介いたします。

私の『宋学の形成と展開』（創文社、一九九九年）は、中国の学術についてのシリーズものの中で、宋学を割り当てられて出したものです。それから『朱子学と陽明学』（ちくま学芸文庫、二〇一三年）は、もともと放送大学の教材として出したものをそのまま文庫化したもので、中身は二〇〇四年のものです。明治大学の垣内景子先生の『朱子学入門』（ミネルヴァ書房、二〇一五年）では、この簡にして要を得た解説がなされています。他の方が書いたものでお薦めできる本としては、この垣内さんの本を挙げておきます。

日本の高等学校の教科書ですと「世界史」とか「倫理」の中に「朱子学」「陽明学」が出てきます。残念ながら漢文の教科書で朱子学、陽明学を扱うことはまずありません。世界史や倫理の教科書でどういう説明がされているかというと、朱子学は「性即理」という説を出しています。それに対して、陽明学は「心即理」という説を出しています、という程度です。

ですから、受験対策としては、朱子学は「性即理」、陽明学は「心即理」だと覚えればそれで充分ということになります。私が大学で教える学生の場合も、その多くが知っているのはこれだけです。もちろん、この図式が間違いだというわけではありません。間違いが教科書に書いてあるわけではありません。

私が「図式的」と申しましたのは、そもそも「性即理」対「心即理」という対立、学問の名前の付け方自体が、流派として「性即理」ということを言ったのは道学であり、「心即理」を言った流派は心学である、この二項対立図式に基づくものです。

性即理――「性」を「理」の概念で解釈する「性即理」を唱えた道学の系譜を始めた人として、世界史では周敦頤《しゅうとんい》という人物の名前が挙がります。しかし、より重要な三人は紹介されません。その三人とは、程顥《ていこう》、程頤《ていい》、この二人は兄弟です。それから張載《ちょうさい》、この三人です。そして、こういう人たちを経て朱熹、すなわち朱子が出て来る。周敦頤が始めた新しい学術を大成したのが朱熹で、それが朱子学だという書き方になります。それが、「性即理」説であるというような説明がされます。

一方、朱子学に対する流派としては、朱熹が活躍していたころ、朱熹の論敵として陸九淵という人がいた。やがて、十二世紀の朱熹、陸九淵が死んでから、三百年経って十六世紀の初めに王守仁という人が出て来て陸九淵の系譜を受け継いで朱子学を批判した。王守仁（王陽明）の学、これが陽明学です。こういう図式的な理解が教科書や入門書を通じて広く共有されているかと思います。これをまず前提にして、「これはあくまで図式である」という話を以下に展開させていただきます。

この「性即理」という言葉ですが、いま申したように朱子学と言えば「性即理」と連想ゲームのように出てくる言葉ですけれども、私としては、朱子学が経学であるというところから捉え直す必要があると思っております。

「経学」というのは、経に対する解釈の学問です。仏教の場合でいえば、経典を解釈する学術に相当するのが儒教における経学です。

朱子学も経学をやるわけです。なぜこのことを強調するかというと、この「性即理」というフレーズは、『孟子』や『中庸』の注解として使われる表現です。朱熹が、デカルト流に反省を重ねた末に最後にたどり着いた結論が「性即理」だということではなくて、『孟子』や『中庸』の中に「性」という文字・言葉が出てくるわけですが、この「性」という言葉を説明するときの表現が「性は即ち理なり」なのです。『孟子』や『中庸』に出てくる「性」という字は、「理」ということと同じ意味だという注解として使われた表現であります。もともとは、これは程頤の語録

（『二程遺書』）に見える言葉で、この程頤の語録に見える言葉も、詳しい文脈はこの語録ではわかりませんが、まず間違いなく経書に既に出てきている「性」という言葉・文字を説明する流れで出てきた発言であると考えられます。

もう一度繰り返しますが、「性」という言葉について、これを「理」という概念で解釈しなさいということです。ところが、ここに問題があり、これは後の朱子学批判のときに問題になりますが、「理」という言葉は実はもともとの『孟子』自体の中で重要な概念ではありません。朱子学にとっては重要な概念で、あるいは朱子学的な解釈に基づけば孟子も「理」という言葉を充分重視していたということになります。しかし、『孟子』というテキスト自体を見ていくと、「理」という言葉は特別に重要な役割を与えられているわけではありません。

そのために、中国では十八世紀の清朝考証学の戴震《たいしん》の『孟子字義疏証《もうしじぎそしょう》』とか、日本の場合は十七世紀の伊藤仁斎の『孟子古義』などで、この点が突かれて批判されることになります。どういう批判かというと、朱子学では『孟子』の「性」という言葉を「理」という言葉で解釈し、その「理」というのが大事な言葉だと言っているけれども、そんなことはもともと孟子は言っていないではないかということです。

では、なぜ朱子学において「性」という言葉を「理」という概念で説明しようとしたかというと、これは思想史的に朱子学以前に存在した魏晋玄学や、仏教の教義学の中で既にこの「理」という言葉が哲学概念化していたからではないかという説明がなされています。

「魏晋玄学」というのは、中国の魏及び晋（三〜四世紀の王朝）の時代に流行した「玄学」と呼ばれる学術です。その後、仏教経典の漢訳が始まり、漢訳された仏典を元に仏教教義学が進むわけですが、その中でも「理」という言葉が使われるようになっていました。

そういう前景があって、『孟子』それ自体の中では特にまだ重要な役割を果たしていなかった「理」という文字が、朱子学より以前において、それなりに使われるようになっていたという説明がなされているのです。

これが「性即理」という言葉の由来であります。確かにこれは朱子学の中心的な哲学思想を示す言葉ではありますが、「性」という経書に出てくる文字を「理」という別の概念で説明した言説であるということ、朱熹自身が哲学的に思索してたどりついた結論というわけではないことを最初に申し上げておきます。

「性即理」は、これからお話をする「理気論」と「心性論」を繋ぐ役割をする言葉です。

理気論――万物は「気」より成り、「理」を内在す

では、その「理気論」というのは何でしょうか。我々は理気論という言い方をしますが、朱子学においてこの三文字が使われるわけではなく、「理気」という二文字です。それについての議論なので、我々は「理気論」と称しているわけです。

朱熹の語録を集成した『朱子語類』というものがあります。いろいろな種類がありますが、現在、普通に使われているのは、その中で最も大規模な『朱子語類大全』と称する書物で、黎靖徳《れいせいとく》という人が編集したものです。全一四〇巻あります。私の知るかぎり、世界中で最も分量の多い個人語録です。

その一四〇巻の最初の二巻のタイトルに、この「理気」という言葉が使われています。第一巻が「理気」の上、第二巻が「理気」の下です。更に、サブタイトル的に第一巻「理気上　太極天地上」、第二巻は「理気下　天地下」と題されていて、ここの部分に関しては先ほど名前の出た垣内景子さん、それと恩田裕正さんが『『朱子語類』訳注』という形で詳細な注釈付きの現代語訳を二〇〇七年に汲古書院から出しています。私どもが月例でやっていた読書会の成果でもありますが、そういうものが出ていますのでご参照いただければと思います。

「理気」ということから、朱熹の語録が始まっているわけです。この点からも、この概念を黎靖徳という人が編集した時点で、「朱熹大先生の教説を勉強するなら、ここが根幹だよ」という位置づけになっていたことがおわかりかと思います。

その際に、「理」、「気」は、常に述語として用いられていて、主語にはなっていません。「理」とか「気」は説明するための用語であって、説明される言葉ではない。どういうことかと言いますと、例えば、『朱子語類』で「理」、「気」の話から始まっているのだから、最初のページを開けば「理というのはこれこれこういうものである」という定義があるのだろう、全体はそう始まっているだろうと思って読むと、肩すかしを食らいます。

「これこれこういうものは理である。これこれは気である」というように、もっぱら述語のほうで「理」とか「気」は使われます。これは何を意味するかというと、わざわざ説明を必要としない語だったということです。一般に、「説明される必要がある言葉」は、その言葉についての意味を確定させる、読者もしくは聞き手に対して、ある言葉の意味内容を言う必要があるときに主語、被説明語になるわけです。「理」、「気」はそうではなくて、別の言葉、概念、あるいは状況、事件等々を説明するための言葉として使われる。それ自体の意味は、おそらく彼らの間では自明のことだったのではないかと考えられます。

現在の日本語表現でもこれらの言葉は説明しにくいです（英語では気をフォース Force と訳しています）。もちろん国語辞典、漢和辞典を引くと、「理」、「気」という言葉についての説明がありますが、「気とは何か」ということを日本語で説明してみようと思うと私自身もうまく説明できません。いろいろな用例を挙げて「気とはいろいろな意味で使いますよね」というふうに授業でも学生に言いますが、「気とはこれこれである」という定義はしにくいです。

ただ、そう言っていては研究にならないので、朱子学研究の中では、この朱子学で使っている「理」とか「気」は一体どういう意味なのか。つまり、「理」や「気」を主語とする形での説明を試みるという営みはずっとなされてまいりました。

代表的なものをいくつかご紹介すると、まず「気は存在であり、理は存在をそうあらしめている意味だ」。そういう意味で、この「気」と「理」という言葉が使われているのだという学説がございました。これは、安田二郎という敗戦後すぐに若くしてお亡くなりになった方の説です。この方が亡くなられてからその論文をまとめた『中国近世思想研究』という本があり、最初は弘文堂、その後現在は筑摩書房から出ていますが、その中で展開されている説です。

一方、「気はガス状の物質である」。これは、山田慶児という先生が『朱子の自然学』（岩波書店、一九七八年）の中で述べていることです。

山田先生は中国科学思想史の研究者でいらして、「気」というのは中国思想では非常に重要な概念なので、これを何とか現在生きている我々現代人にわかる言葉で説明するとどうなるかというと、「気というのはいわゆる分子・原子のような粒ではなくて、ガス状のものだ」という説明をなさっています。もっとも、西洋の哲学をやっている知人からは「ガスも分子や原子で構成されてますけどね」と言われてしまいました。確かにその通りで、学問的な厳密さという点では問題かもしれませんが、何となくイメージを摑んでもらうための山田先生なりの工夫だと思います。

それから、石田秀実先生という中国医学史の研究をなさっている方が、『気・流れる身体』（平河出版社、一九八七年）という本を出しています。つまり、「気」というものは流れる身体の構成要素である、人間のからだというのは静態的なものではなく、ダイナミックに流れているものだというふうに中国思想、東アジア思想では捉えている。それを説明する言葉が「気」だということです。このような説明が、これまでそれぞれの研究者によってなされてきました。

「気」そのものは見ることができないし、聞くこともできません。しかし、この世界のあらゆるものは「気」が集まってできている。万物は「気」の集合体である、というふうに朱子学では考えています。これは、朱子学だけではなく、中国では古くからそういうふうに考えられておりました。

「気」によってすべてのものが成り立っている、その前提のもとに、万物には「理」が内在しており、「理」と「気」はどちらも単独には存在できないのである、という朱子学の考え方が乗っかるわけです。この「万物に理が云々」のところは、朱子学の思想史的に意味があるところです。「気」でこの世の中を理解しようという思想があったところに、それを説明する、先ほどの安田氏の表現を使えば、意味を与えるものとして、「理」と言う言葉をもってきたのが朱子学の「理気論」だということになりますでしょうか。

これについては、井上哲次郎らによって「理気二元論」という表現で解釈する形が誕生します。明治時代に日本で「哲学」という営為を受け入れ、西洋から入ってきた「哲学」という流儀で朱子学を分析しようとしたときに、「朱子学の理気論は二元論である」と見えたということです。この場合の二元論という言葉遣いはあまり適切ではないかもしれませんが、ここでは深入りいたしません。

「気」の位置づけとしての「陰陽」「五行」

　この「気」は、全体としても「気」ですが、分解可能でもあるので一つ一つの「気」でもある。それら個々の「気」同士を相対的に位置づけるために「陰陽」という概念が使われます。それから、質的にそれぞれの「気」を位置づけるために「五行」という概念が使われます。「相対的に」とか、「質的に」というのは私の表現なのでわかりにくいかもしれません。「陰の気」、「陽の気」という言い方をしますが、これは絶対的なものではなくて相対関係にあるわけです。あるAというものは、Bと比べたときにはAが陰でBが陽かもしれないけれども、Cと比べたときにはCが陰でAは陽になる。そういう関係づけがあります。それに対して、「質的に」というほうは決まっているわけで、「五行」です。「気」というものはこの五行にそれぞれ配当できる。この世界は「陰陽」、「五行」の「気」によって構成されている。この考え方自体は朱子学が発明したわけではなく、古くからあります。

　「季節は五行の循環である」という考え方が先秦以来の伝統的な中国思想にありまして、春は木、夏は火、土用は土、秋は金、冬は水という「木火土金水」の五行をそれぞれの季節に配当します。この季節の配当が先なのか、それともこの「木火土金水」の順番が先なのかというのは説明の解釈の仕方が分かれるところですが、そもそも五行の順番、五行が生まれてくる順番が「木火土金水」なのです。だから、季節も春、夏、そして土用を経て、秋、冬というふうに運行するという宇宙論が説かれるわけです。先秦以来の伝統的な思想です。

生命活動も、この「気」の集散・消長として説明されます。生命活動を季節になぞらえるという発想はどこでもあるわけですが、人の一生の各ステージを季節に対応させるのがその特徴ということになるかと思います。

青年期は春であり、壮年期が夏であり、熟年期が秋であり、老年期が冬である、というのはいまでも使いますし、何となくわかる表現かもしれません。ちなみに誤解のないように申しますと、青とか、壮・老という言葉は中国の昔の言葉ですが、熟年というのは新しい言葉です。ただ、うまくできている言葉だと思うのは、熟というのは稔りの秋を連想させるので、そういう意味で熟年という言葉が発明されたのでしょうね。中国の古い時代の思想の中でも秋は熟す季節と捉えられていました。

このように、季節や人生を五行の循環という形で説明するわけですが、ただ循環というとぐるぐる回るのではないか、輪廻の思想があるのではないかという話になるかもしれません。もちろん、季節の巡りは冬まで行くと春になって同じことを毎年繰り返すわけですが、人生のほうは、儒教では死んだら終わりというふうに考えられています。魂が再生するとか、あるいは輪廻のようなことがあるというふうには儒教の多くでは考えませんし、朱子学もそうは考えません。

では、朱子学では人の死、あるいは人の「気」をどう説明するかというと、先ほど名前が出てきた張載という人が「鬼神は二気の良能」と言ったとされていて、朱熹はこれを使います。つまり、朱子学における正統教義に採用されます。

ここで、「鬼神」というのはどういうことかといえば、これも経書に出てくる用語を張載が説明したのでありまして、「神《しん》」という字は「伸」という字と同じ意味である。これが陰陽で言うところの陽気である。一方、「鬼《き》」を「おに」と呼んでしまうと違うイメージをもちますが、この「鬼」という字は日本語の音読みでは発音が「帰」という字と同じで、現在の北京語では若干違っておりますが、発音が近いということで、無理矢理結びつけたわけでしょう。

それは「帰る」という意味であり、「屈する」という意味でもある。「屈《くつ》」が出てくると、先ほどの「伸《しん》」とは対立する概念になるわけです。したがって、鬼は陰気に属すると見て、経書の中に出てくる「鬼」、「神」という概念をそれぞれ陰陽の二つの気に当たるのだという形で説明しようとします。

これらの観念操作をして、経書の中に見える「鬼神」であるとか、「魂魄」といったような用語、文言を、自分たちが作り出したこの「理気論」の用語によって説明解釈していくわけです。『朱子語類大全』では、「理気上」、「理気下」に続く第三巻は「鬼神」と題されています。そこに、この「鬼」、「神」に関する朱熹の発言を集めて収録しています。これは編纂者の立場から言うと、「理気」についての話が終わった次のテーマとして、「鬼神」という問題を取り上げようという配列です。

ただ、この「鬼神論」は、「朱子学におけるアポリアである」というふうに古くから指摘されております。朱子学の「鬼神論」が抱え込んだ難問、矛盾とされるのは、「理」とか「気」だけで説明してしまうと、いわゆる霊魂の問題が充分説明し切れないのではないかという点です。これは古くから指摘されてきたところで、朱子学の内部でも朱熹自身の説についていろいろ言われているし、朱子学を外部から批判する人たちはこの点を突いていきます。日本では荻生徂徠がその代表的な論者になるかと思います。

ただ、朱子学の内側から見たときに何がここでなされているかというと、経書の中に「鬼」とか「神」という言葉が存在するわけです。それは、彼らとしては否定しようがないわけです。経の中にあるということは、言葉としてあるわけです。その、既に「ある」言葉をどう説明するかというときに、彼らは自分たちが構築した「理気論」の枠の中で何とか説明しようと試みたということです。

では、そもそもそんなことまでして、つまり、「鬼神」まで説明しようとしてなぜ朱熹は理気論を構築したのか。彼は何をしようとしていたのか。これについては、私の指導教官でありました溝口雄三が「天理観の成立について」(『東方学』八六輯、一九九三年)という論文を書いております。つまり、思想史的に「なぜ理気論が必要になったのか」ということです。

必ずしも溝口説をそのまま踏襲しているわけではありませんが、私なりの考えをこれから申し述べたいと思います。それは、第二の問題である「心性論」が関わっていて、この「心性論」があるからこそ朱子学は「理気論」を出してきたのだということです。

心性論――「性」が本来善ならば、なぜ悪があるか

「心性論」は、やはり先ほどの張載の言葉とされるものが朱子学において重要な考え方として定着していきます。「心は性と情とを統括するもの」と言います。原文では、「心統性情」という順番に並ぶ漢字四文字です。

「心《しん》」と「性《せい》」との関係づけが古来議論されておりました。あるいは「性」とは一体何なのか、これも中国思想史の中で古くから話題になっておりました。かの有名な孟子の「性善説」は、この「性」について語った言説であります。人の「性」というものは善だと言われます。

孟子は、性善説を提唱する場面において他の諸説を列挙しています。「性」に善も悪もないとする「性無善無悪」の説、君主が善だと民も善になり、君主が悪だと民も悪になるとする説、生まれついての善人もいれば生まれつきの悪人もいるとする説の三種類です（『孟子』告子上）。

孟子の性善説は、彼の思想諸説、特にその中でも彼が重視した「王道」の思想、「仁義」の思想と並べて、孟子の主要教説として尊重されます。そして、朱子学では、孟子は孔子の正統な後継者であるという位置づけになり、孟子が説いた「王道」、「仁義」、そして「性善」も正しい教え、この世の中を理解する上での真理である、という形で尊重されます。

その際に、先ほど出てきた「情」という言葉が問題になります。「情」というのも経の中に出

てくる言葉です。だから、朱子学が発明した言葉ではなくて、昔からある言葉です。この「情」という言葉を「性」と対比したときに、もう一度性善説に基づいて、性は善であるというのはいいとして、それと対比される「情」というのは、悪、つまり、「悪の起源が情にあるのだ」というふうに誤解されることがあります。

確かに、朱子学者と称する人の中に「性は善だが、情は悪だ」という記述をする人も見受けられます。朱子学の中でそういうふうに理解されていたところがあります。だから、朱子学で「性が善で、情が悪だ」という事例がないとは言えません、朱子学者が言っているわけですから。

ただ、私の見るところ朱熹はそうは言っていません。朱熹の教説としては「性は善、情は悪だ」とは言っていませんが、朱子学の中ではそれが平板化し、わかりやすい二項対立の説明としてこういう言い方がされ、その言葉尻をとらえるような形で朱子学の批判者たち、陽明学者であるとか、清朝考証学者たちは、朱子学では「性が善、情が悪だと言っているが、それは間違いだ」とするわけですね。しかし、これはもともと朱熹自身の説ではない。

「本然の性」と「気質の性」を区別

朱熹がどういうふうに「性」と「情」を説明しようとしたかというと、「性」を二つの構造に分けてしまいます。それを、彼の弟子が整理しましたが、「本然の性」という言い方と「気質の性」という言い方で二つに区別します。朱熹自身は「天命の性」という表現をしています。「本然の性」と「天命の性」は同じものだと思います。

「天命の性」とは何かというと、天から我々人間一人ひとりに与えられているもののことであります。実は、私の『宋学の形成と展開』（創文社、一九九九年）は四章構成になっていて、各章のタイトルが「天」「性」「道」「教」です。

どうしてそんな気取ったことをしたかというと、これが『中庸』の冒頭に列挙されている語だからです。「天命之謂性、率性之謂道、脩道之謂教（天の命ずるをこれ性と謂い、性に率《したが》うをこれ道と謂い、道を脩《おさ》むるをこれ教《おしえ》と謂う）」です。『中庸』自体は昔からあるのですが、朱子学において『大学』、『中庸』、『論語』、『孟子』の『四書』の一つとして正式に経として認定されました。

『中庸』の冒頭にあるこの文言が朱子学における人間把握、「理気論」と「心性論」を繫ぐ重要なフレーズとして解釈されるわけです。最初に「天命」という言葉が出てきますが、「命」の字は、『中庸』の文章の場合は動詞として使われているわけで、「天が命ずる」。天が我々人間に対して与えているそのもののことを「性」と呼ぶ。そして、「性に率う」、天から与えられた「性」のままに進むこと、それを「道」と名づける。その道を脩める、脩は修と同じ字として扱われますが、この道をきわめていくのが「教」すなわち儒教である、と。要は、「性」、「道」、「教」という概念の定義をしているわけです。

先ほど言った「性即理」という文言も、天の命ずる声を「性」と言う。この「性」の字についての注釈であるわけですから、天命です。だから、天から与えられている「性」、これが『中庸』、あるいは孟子の性善説の性善の「性」のように、「性」の基本的な意味としてあるのだと朱子学では理解するわけです。それが本来の「性」、つまり、「本然の性」であり、「天命の性」でありますが、朱熹は、それと別に「気質の性」という「性」もあるのだと言います。

さきほどの理や気と同様、これも、朱熹の言い方としては、自分が「性」という概念を考えついて「本然の性」と「気質の性」の二つに分けたということではなくて、経書の中にそもそもこの二種類の用法があるから注意して区別せよという言い方になるわけです。

思想史的に言うと、このように二つに分けて解釈しないと矛盾してしまうということです。経書に出てくる「性」という文字について、ある場合には「本然の性」と解釈して、ほとんどはそちらでいきますが、ある場合には「気質の性」、「本然の性ではない」と解釈することで、「性」概念の矛盾が解消され、統一的な解釈が可能になる。つまり、「性」といっても文脈によって意味が違うではないかという疑問に対して、最初から二通りの用法、二通りの使い方で「性」という字は使われているのだと説明するのです。あくまでも、朱子学の中での朱熹自身の言い方としては、「そもそも経書でそういう二つの言い方をしているので意味を取るときに気をつけなさい」という言い方になります。

「本然の性」のほうは説明した通りで、朱子学の用語としてよく使われる「天理」であり、「性即理」の理です。一方、「気質の性」とは何かというと、ここではむしろ気質のほうに重要な意味が込められているわけです。「気によって覆われている」という表現が、朱熹自身のものを含めて朱子学の中ではしばしば使われます。

何を意味しているかというと、不純物が混じっているというイメージです。ここで「情」の話になりますが、「情そのものは価値的にニュートラルである。善いとも悪いとも言えないけれども、気の作用次第で、情が悪の起源になる」ということです。

「性」は本来善のはずですが、「本然の性」ではない「気質の性」というものがあり、「気質の性」というのは「気」の性質ですが、「気」はすべてを構成し、つまり、我々の身体も心も「気」でできているわけで、その「気」に不純物が混じるわけです。これも経書の中の『礼記《らいき》』という本の中に、「七情」と呼ばれるものが列記されています。「喜」、「怒」、「哀」、「懼《く》」、「愛」、「悪《お》」、「欲」です。ちなみに、仏教では「懼」のかわりに「楽」がはいります。喜怒哀楽という言い方は儒教でも使います。

一方、『孟子』には「四端」が出てきます。四端とは、「惻隠《そくいん》」、「羞悪《しゅうお》」（または「廉恥《れんち》」）、「辞《じ》譲《じょう》」（または「恭敬《きょうけい》」）、そして「是非《ぜひ》」。これについて、『孟子』の「四端」と『礼記』楽記《がくき》篇の「七情」との関係づけは、朝鮮朱子学で大きく問題になります。「四端」と「七情」は、どちらも「情」だということになると、「四端」と「七情」はどういう関係なのか。史実としては、一方は孟子の思想、もう一方は楽記篇の著者の見解であって、思想史的には無関係なわけですが、しかし、儒教ではどちらも経書なので矛盾があってはいけないわけです。それを統合的に説明しなければいけない。

統合的に説明するときに、孟子自身が「四端」のほう、「惻隠」、「羞悪」、「辞譲」、「是非」、これを順番に「仁」、「義」、「礼」、「智」それぞれの芽生えだと言っています。孟子の性善説では、我々一人ひとりの心の中に「仁」や「義」の元になるものが備わっているとし、そこに「礼」、「智」も入ってきます。もともと備わっているものがあるということがなぜわかるかというと、我々には「惻隠」、「羞悪」といった心の活動があるだろうと孟子は説明していたわけですが、朱子学では、「仁」、「義」、「礼」、「智」という、我々人間界において当たり前として行われるべき、これは天から与えられた「天命の性」として、そうなるべき人間行動の規範になるようなものが「情」と結びついている。だから、「情」も必ずしも悪いものではないのだ、ただ、それが的確に外に発動しない場合に問題が生じるのだという形で、いわば悪の起源を説明しようとしているわけです。

「情」が不純な「気」の作用で悪を生む

性善説で皆うまく収まってしまうのであれば、この人間界に悪はないはずです。善だけで、論理的に悪は存在しないはずです。しかし、実際にはある。実際にあるというだけでなく、経書の中で人間の悪行についていろいろ言われている。では、それはどうしてなのかというと、朱子学では「人間の生命活動である気の動きに、ときどき不純物が混じることによって本来のあり方どおりにならない」、「情」が正しくない形で外に出てしまう。これが、我々人間社会における悪の起源だという言い方をします。気すなわちフォースには、ダークサイドがあるのです。

　これも思想史的には前史があって、朱熹の思いつきではなく、程顥・程頤兄弟以来、彼らが始めた学派の道学においては、『中庸』の少し後のほうで出てくる言葉ですが、「未発《みはつ》」、「已発《いはつ》」という言葉が使われていて、これについての議論が展開されています。これも、さらに思想史的に言うと、そもそも「未発」とか「已発」ということにこだわることが道学の特徴で、それまでは、『中庸』の読者・注釈者たちはこの問題にこだわっていなかった。文字どおりには「まだ発していない」と「すでに発している」というだけのことですからね。ところが、道学の中でいわば哲学的に問題化して、「未発」とは一体何なのだ、「已発」とどう違うのだという大議論になったのです。つまり、思想史的に新しく出てきた現象です。

　そこに、当時既に中国で盛んであった仏教が絡みます。仏教由来の「体用論」が適用されることになります。すなわち、「性」が体であり、それは静であり、未発である。「情」は用であり、動であり、已発である、と。

「静」、「動」、これも経の中に出てくる言葉です。彼らが勝手に思いついた言葉ではなく、既に経の中にある言葉、概念の相互の関係づけをする。ただ、この図式も非常に単純化したもので、必ずしもこのように等号で結ばれるものではありませんが、二項対立的に整理すればこのような関係で説かれることになります。

では、「未発」、「已発」は何かというと、心の活動がまだ起こっていない状態が「未発」、心の活動が既に起こった、つまり、実際に人間の生命活動として心が動いた状態が「已発」です。だから、「未発」は静、「已発」は動というのはそういう結びつけ方でもあるわけです。

そのように二項に分けますけれども、「体」と「用」の関係なので別のものではないわけです。「性」という本体の働きが「情」ですから、「情」も正しく発動されれば善いものが出てくる。先ほど、「性」が善で「情」は悪という図式的な理解が朱子学の中にもあるが、それは朱熹の思想からいくと誤解だと言ったのは、そのことです。

善であるところの本来の「性」がそのまま発動すれば善であるはずですが、そうならないことがある。なぜそうならないのかというところの説明が苦しいところですが、ともかく、「気」の中に濁ったものが混じってしまって、そうすると濁っているので善くないことをしてしまうという説明です。これが、人間社会の中に悪がある、あるいは、我々人間が、時々よからぬ考えを起こしたり、実際に悪い考えに基づいて行動したりしてしまう、その起源だとして、「性は善だけれども、なぜ我々が悪さをしてしまうのか」の説明をします。その先にある段階として、「では、我々はどうしたらいいか」ということ、悪い考え、悪い行動というものが悪いということに気づき、それをなくしていく。つまり、本来の性、「本然の性」に戻っていくべきだという倫理学説を展開するわけです。

ただ、ここでやはり引っかかるのは、後の朱子学批判者によっても言われているように、「気質の性」が朱熹の説明どおりだとすると、むしろそれは「性」ではないのではないか。朱子学の本来言っている言葉遣いからいうと、「気質の性」という言い方をするのはおかしいではないかということになる。つまり、「気」は「性」ではありません、「性即理」なので。日本でも、伊藤仁斎がそこを突くわけです。

確かにそうだと思いますが、朱熹が苦労したのは、とにかく経書の中で使われている「性」という文字について、彼がそう解釈したい「本然の性」・「天命の性」だけでは解釈できない使い方があるということです。

そうすると、その箇所については、「性」の字の意味は「本然の性」ではなくて、ここでは「気」のレベル、気質のレベルで「性」という字を使っているのだという説明の仕方にせざるをえない。そこがおかしいと言われればたしかにそうですが、経学として、経典の解釈学として朱子学が体系化されてきた事情からいって、そう説明せざるをえなかったところがあるわけです。

「理気論」は「心性論」を裏づけるための理論

次に「理気論」と「心性論」との関係に移りましょう。

朱子学自体にとって「理気論」と「心性論」とではどちらが重要かというと、私は「心性論」

だと思います。より重要なのはと言った意味は、「理気論」というのは「心性論」を裏づけるために構築された理論であろうということです。

実際、先ほど朱熹の語録としては、現在、黎靖徳が編纂した『朱子語類大全』が使われるという話をしましたが、それ以外にも各種ありました。一部は現在も存していますが、黎靖徳が大規模な編纂事業をしたことによって、不要とみなされ、今日失われてしまったものも多い。書名と目次だけが伝わっているものもあります。実際に文章が残っているものも若干あります。それら、各種ある朱熹の語録の中では、「理気論」については扱わずに、「心性論」から説き始めているものがある。目次の章立てがそうなっているのです。

おそらく、そういう語録を読む読者はそういうことを求めているだろう、読者の需要はそういうところにあるだろうと推察をした編集者の側がそういう構成にしたのでしょう。読者の問題関心は自分自身の修養にあっただろう。「心性論」に基づいて「修養論」が展開していくわけですから、実際に自分の修養、実践的にそれを活用することに朱熹大先生のお言葉を読むことの意義がある。そうすると、宇宙がどうやって出来上がっているかとか、天地の構造がどうなっているかとか、そのような話はあまり問題関心に上らなかった。朱熹自身も、そもそもそういうことが言いたくて「理気論」を言っていたわけではないということです。

もちろん、哲学的には「理気論」のほうが根幹をなしているわけです。それによって、全宇宙を説明しようとしているわけです。そして、この世界の中の一つの存在である我々人間、「心性論」には動物も若干含まれますが、我々命ある者、特に人間を説明するのが「心性論」ですから、「心性論」のほうが「理気論」の一部に包み込まれるという関係になるわけです。

「性即理」という表現は、まさにそのことを言っているわけです。我々人間の中に、天から与えられたものとして存在している「性」というのは、天に由来すると『中庸』に書いてあるだろう。そして、天からやって来る「性」というのは「理」のことです。朱子学は、「天というのは理だ」という考え方をもっています。その意味でも、「理気論」というのは天を説明するために使われている言葉の概念です。

これも思想史的に言うと、「人性論」というのが古くから儒教のテーマの一つでした。漢代の儒教において、もっと前からもちろん『孟子』の中に既にあるわけですから、儒家思想が誕生してすぐに「人間の本性とは何だろう」という議論が始まっているわけです。漢代の儒教においては、「性三品《さんぴん》説」が普通でした。紀元前二世紀の董仲舒《とうちゅうじょ》、紀元一世紀の王充《おうじゅう》といった漢代の学者たちは三品説というものを唱えていました。「三品」というのは、「上品」「中品」「下品」です。上中下、三つのランクがある。

人は生まれつき、もう品格が決まっているということです。それが、「性」だというわけです。それは、孟子の性善説とは違います。「上品」の人は善ですが、「下品」の人は悪だ、だめだということになるからです。これは、身分秩序における支配階層の支配を正当化する言説でもあった。あるいは、少し後の時代を貴族制の時代と呼びますが、貴族たちが、自分たちがなぜ人民を支配していられるかの根拠づけに使われたという説明のされ方をします。とにかく、人間の「性」は一つではないというのがそもそもオーソドキシーであって、特にこのことについて激論がかわされたわけでもない。孟子は性善を言っていて、だから三品説はおかしいではないかと言った人がいないわけではないけれども、言論界・思想界において大きなテーマにはなりませんでした。

その流れの中に有名な韓愈《かんゆ》がおりまして、八世紀の後半の人ですが、「性」について『原性』や『性説』という文章を書いていて、そこで、韓愈に至るまでの思想史を整理します。韓愈は古文というものを提唱し、古文運動が展開しました。その後、宋代になってから韓愈が注目を集めることによって韓愈の思想史整理が注目されて議論が展開していくという、ある種、哲学界のトピックを韓愈が設定する役割を果たしたことになります。

どういうトピックかというと、韓愈が自分の文章の中で思想史を整理した際に、「昔、孟子は性善説を説いた。荀子は性悪説を説いた。揚雄《ようゆう》は、性には善と悪が混じっていると説いた」。このような思想史整理をしたうえで、韓愈自身は「性三品説」です。繰り返しますが、韓愈が「性三品説」を言い始めたわけではありません。漢代からずっとありますが、韓愈の思想史整理の文章を読んだ人たちは、性三品説の代表論者が韓愈だということにしてしまい、性説のさまざまなパターン、性善説、性悪説、性善悪混説、性三品説、これらをそれぞれ孟子、荀子、揚雄、韓愈に配当する形で、思想史理解と同時に概念整理を行ったわけです。

さきほど、『孟子』の中に既に性善悪混説などがあったと紹介いたしましたが、さすがに『孟子』の中では三品説はないので、『孟子』より後の発明だろうと思いますが、ともかくこういう整理がされて、それを巡って議論があり、やがてその中で道学が主張する孟子性善説がメインストリームになっていくわけです。

朱熹という人は、この理論武装、つまり、孟子の性善説という立場に立つ。彼は道学の流れに属するので、その理論武装を「理気論」によって行ったわけです。ですから、朱熹の「理気論」というのは「心性論」を裏づけるための理論だったと考えることができるだろうと私は思っています。もちろん、「理気論」は確固たる体系で、『朱子語類大全』のように、朱子学というとまず「理気」から始めるという構成になる原理論として重要な役割を果たしますが、朱熹は「理気論」自体を自分の主張として打ち出したかったわけではないだろうと思っています。

そのことをある意味では象徴しているのかもしれませんが、朱子学を批判したのは陽明学で、陽明学も孟子の性善説を継承します。

一つの特徴として、陽明学はほとんどと言っていいほど「理気論」をやりません。私の解釈では、朱子学が立てた「理気論」をそのまま陽明学でも受け継いでいるからだと思います。つまり、「理」や「気」について、王守仁が特にそのこと自体を理論化しようとしなかったのは、朱子学をそのまま受け継いでいたから、宇宙の理解、人間の中に「理」と「気」が両方あるという話をそのまま受け継いでいるからだと思います。そこのところを問題視しないということです。朱熹の語録の中に「理気論」はなくて、いきなり「心性論」から始めて、修養の問題を説いていくという構成になっているものがあると言いましたが、同じ構図が陽明学それ自体の中にも見えます。

更に、陽明学では性善説を極限化して「無善無悪説」というものを唱える人たちが出てまいります。王守仁自身がこれに賛成したかどうかは微妙なところがありますが、「性」に善、悪のような色をつけてはいけないと。私が極限化と表現したのは、究極の善には対立概念としての悪がないからです。それを善と名づけて、孟子は性善と言ったとする理解です。実際に世の中にはさまざまな悪があるわけですが、そもそもの「性」がそうした悪と対立する意味での善であるということを孟子が説いたのではないという理解です。だから、孟子が言っている性善説は、どこかに悪があって、「性」は善であるという、先ほどの朱子学の平板な理解で性善情悪説を紹介しましたが、陽明学もある種そういう思い込みで朱子学を批判しているところがあります。「悪の起源がどこかにあって、性はそうではなく善のほうに属する」ということを言ってしまうと、性善説の「性」が狭い範囲になってしまう。朱子学が言うような、「本然の性」と「気質の性」を分けないと説明できないという事態になってしまうわけですが、陽明学の一派はそうではなくて、孟子が言っている性善説、あるいは『中庸』が説いている「性」の説というのは、我々が言うような意味の善悪を相対化した意味での善や悪ではなく、もっと高次の概念なのだということを言います。あくまでも、それは「心性論」の中での問題展開です。「理気論」は、ここでは関わらない形になっています。

なお、これらとは別に、「数によって宇宙を理解する」という発想が漢代以来あって、そういうものも朱子学の中に流れ込んでおり、私自身もそこに興味関心があって研究しています。それは易の世界です。

易そのものに数《すう》があり、「八卦、六十四卦」などはそうですが、これらの卦に見られる象《しょう》に対しては漢代以来ずっとその解釈があり、その延長線上に朱子学も易の数について議論を展開していて、それが音楽などとも関係してくる。

朱子学の場合、そこに「理」を持ち込んで、易も「理」によって解釈しようとします。それはそれで非常に重要な哲学というか、この世界を理解するための学術です。これも、あくまで経書を解釈するために重要なことであります。彼らが教説として一番言いたかったのは、やはり「心性論」の部分であり、心性論を経学として、つまり、経書の解釈学として根拠づけるために、例えば、易の中での数の問題や、その他、さまざまな経書の中の文言解釈を「理気論」として組み立て、その「理気論」によって「心性論」を根拠づけた。自分が言っている「心性論」が、経の中にある「心性論」の正しい解釈だ、いままでの性三品などを言っていた学者たちの「心性論」は間違いなのだ、なぜなら、彼らは「理」や「気」がわかっていなかったからだと説明するための論拠として用いられたのではないかというのが、私の両者の関係についての考えです。

東アジア伝統思想の「尊厳」

〜尊厳にして憚《いかめ》しければ、以て師たるべし。（『荀子』致士篇）

世界人権宣言の日中訳文比較

「世界人権宣言」の第一条は、すべての人間が「尊厳と権利とについて平等である」と規定している。この宣言は国際連合加盟国が共有すべき価値観を表明しており、そこに政治体制や伝統文化の相違は考慮されていない。人類に普遍的な〝あるべき価値〟として尊厳（dignity）が位置づけられている。その英語原文と国際連合お墨付きの日本語訳・中国語訳を列記する【1】。

Article 1 : All human beings are born free and equal in dignity and rights. They are endowed with reason and conscience and should act towards one another in a spirit of brotherhood.

第一条　すべての人間は、生まれながらにして自由であり、かつ、尊厳と権利とについて平等である。人間は、理性と良心とを授けられており、互いに同胞の精神をもって行動しなければならない。

第一条　人人生而自由、在尊严和权利上一律平等。他们赋有理性和良心、并应以兄弟关系的精神相对待。

右に掲げた日本語版と中国語版とを比較すると、それぞれの国の文化的背景を反映して語彙選択に微妙な差異が看取される。まず、human beings の訳語として日本語版は「人間」、中国語版は「人人」を用いている。日本語の「人間」がいわば硬い言葉遣い、日常の生活言語とは異質な概念語彙である【2】のに対して、中国語の「人人」は日本語の「ひとびと」に当たる日常語彙である。そのためだろうか、英語が human beings を受けて They というところ、中国語では「他们（彼ら）」だが日本語は再度「人間」を用いている。

そうした人間が endow されることを、日本語では直訳風に「授けられる」としているけれども、この場合、今度は中国語の方が「賦有」というやや硬めの語彙を使用する。「賦有」は「誰かから授けられて持っている」というような意味合いである。

さらに、a spirit of brotherhood が日本語で「同胞の精神」となっているのに対して、中国語では「兄弟関係的精神」となっている。「同胞」はもともと『漢書』東方朔伝などに見える由緒ある漢語語彙［3］であり、現代中国語でも日常的に使われる単語である（「台湾同胞」など）から、ここで「兄弟関係」としているのは、この宣言の原語 brotherhood に対する、より忠実な直訳とも言えよう。むしろ、日本語のほうが「同胞」という硬い表現の語彙――上記「台湾同胞」のような中国語の場合もそうである――を用いていることには、日本における西洋近代思想受容の特性が象徴的に示されている。

こうした些細な相違を見たうえで dignity の訳語に着目してみると、日中両語ともに同じく「尊厳」である。ちなみに、韓国語訳でも「尊厳」という漢字熟語のハングル表記（존엄 スノム）を用いている。引用した第一条よりも前、人権宣言の前言に出てくる dignity についても、三ヶ国語とも「尊厳」と訳している。このことは、この西洋由来の概念については、漢字文化圏共通の訳語が定着していることを示唆するようにも見える［4］。

ところが、この公式訳文とは異なり、ウィキペディア（Wikipedia）中国語版の「尊厳」の項で紹介されている世界人権宣言の第一条（前言は引用されていない）では、以下のように表現されている［5］。

所有的人人生来享有自由和平等的权利。具有天赋的理性和良心、遵循互助的原则而行事。

これを逐語訳すると下記のようになる。

あらゆる人々は生まれつき自由と平等の権利を享受している。天賦の理性と良心とを具え持ち、助け合いの原則にしたがって行動する。

後半において「そうせねばならない」という意味を示す語は用いられず、単に事実を記述する文の形になっている。つまり、（こんな穿鑿が意義を持つか若干の不安はあるが）前半の叙述（普遍的な真理）を受けて後半（それゆえの行為規範）があるのではなく、あたかも並列的に二つの事実が並べられているだけであるかのように受け取ることも可能な翻訳なのだ。

しかも、ここで目に付くのは、このウィキペディアの項目が「尊厳」であり、この語を説明するためのものであるにもかかわらず、上記訳文に尊厳という語が用いられていないことだ。この条文前半の意義が、あらゆる人が「生まれつき自由である」ことと「尊厳と権利において平等である」こととの宣言にあり、それぞれが自由権と平等権との思想的基盤になっていると理解してよいとするならば、この翻訳は誤訳である。ここでは「自由権と平等権は生得のもの」という言い方しかしていないのだから。個々人にかけがえのない尊厳があり、権利として平等であって、したがって、後半部分の、いかなる他者（もちろん、国家権力を含む）もそれらを侵害してはならないという規範的言辞につながるということの意識は、ここには見られない。

もちろん、これはウィキペディアという、学術的に厳密性を欠く言説のなかでなされている翻訳であって、そのことに目くじらを立てて批判する筋合いのものではない。そうではあるが、ここでこのことを紹介したのは、前に引用した国連による公的な翻訳が存在する一方で、むしろこの翻訳のほうが普通の中国語話者にとっては理解しやすい訳文なのではないかと考えるからである。その背景に中国、ひいては東アジア漢字文化圏の、伝統的な思想文化の影響が看取されるのではあるまいか。

天賦観念の成立経緯

公式訳で「賦有」となっていた箇所が、ウィキペディア訳では、「具有天賦的理性和良心」、すなわち「天から授けられた理性と良心とを具え持ち」となっている。「賦」自体の原義は「税を課す」ことであり、それが「兵役を課す」に拡がり、古典のなかのそれらの用例が税・兵それ自体を指すとも後世解釈されるようになっていく。他方、「課す」ことから転じて、逆向きのベクトルである「授与・給与」の意味が生じた。そして、さらにこれがまた転じて「稟受」、すなわち、授ける側からではなく、授けられる側を主語として自動詞的に表現する用法が登場する［6］。

この意味の最も古い用例は、『漢語大詞典』によれば十世紀に編纂された『旧唐書』の僖宗紀で、王重栄という節度使が「神資壮烈、天賦機謀」だと形容されているものである。僖宗は在位が八七三〜八八八年の皇帝であり、『旧唐書』という史書の性格上、当時の文章をそのまま転載していると思われるので、この用例自体、九世紀後半のものと見て良かろう。賦を稟受として使う場合、その当初からそれは「天賦」として登場したということだ。この八文字は駢文の対句構成になっており、「神資」と「天賦」は語法上相似形であるだけでなく、この場合、意味内容も類似している。前半の「神」は当該人物にいわば神秘的に具わっている力のことで、その力によって「資」すなわち「たすける」ことがなされているさまが「壮烈」だということである。訓読すれば「神　壮烈に資し」となろう。そして、後半は「天　機謀を賦す」であって、要するに、この人物が壮烈（いさましく、はげしいさま）と機謀（たくらみ、はかりごと）とを持ち合わせていたことを形容している。

と、こう説明すると、この「賦」は稟受ではなく、それ以前から存在した授与の意味ではないかという疑問が湧こう。たしかに、そう解釈して意味は通じる。「天がはかりごとを立てる才能を与えた」のであるから。おそらく、この文を書いた人もそのつもりだったろう。ところが、こうした用法が徐々に広まるにつれて、ある種の意味転換が生じた。「天が○○を授けた」が「天から○○を授かった」という文脈で使用されるに至り、「天　機謀を賦す」のではなく「天賦は機謀」になっていったのである。前半の句も「神資は壮烈」と解釈できる。

『漢語大詞典』がこの用例として挙げる他の二つの例文は、一つは十一世紀の文人梅《ばい》堯《ぎょう》臣《しん》が智者と愚者の相違はおのずからのもので、「賦已定矣」、つまり「生まれつきの資質は決まってしまっている」とするもの、もう一つは同時期の遼の人の文章に出てくる、兄弟は同胞だけれども「賦性各異」、つまり「生まれつきの資質としての性格はそれぞれ違う」というものである。この二つの用例では、前掲『旧唐書』とは違って「賦」をおこなう主体（「天」のような）は描かれていない。どこかから何かを受ける・授かるとする受動的な意味で用いられている。現代中国語でも、「賦有」とは「なにものかから与えられたことによって持っている」という意味なのだ。

ちなみに、『漢語大詞典』で「天賦」を調べると、上記『旧唐書』のほか、十世紀に四川省にあった前蜀という国の碑文のほか、やはりこれ以降の用例ばかりが挙げられている（一四四六頁）。これは、「天賦」は単に「天が授ける」だから、もっと古い時代の用例があってもおかしくないはずなのに、そうではないということを示していよう。「天賦」という表現が誕生するのは、賦が単独で稟受の意味にも用いられる状況となんらかの関連性を持っていたことを想像させる。「天が賦す」ことは「天に賦される」ことと、当初から同義だったのかもしれない。

と、以上、尊厳の話題をさておいて「賦」の字義穿鑿に字数を費やしたことを訝る向きもあろう。だがこれは単なる脱線ではない。人権宣言の翻訳において用いられている、賦もしくは天賦という語彙が登場する歴史的経緯に注意を喚起したかったからなのだ。以下、いったん話題を「尊厳」という語それ自体に戻したうえで、また後ほどこの点に戻ってきたい。「天賦」という語彙の初出が九世紀、動作主体を明示しない稟受としての「賦」の登場が十一世紀であることを記憶しておいてもらいたい。

古典のなかの「尊厳」

中国・日本において、「尊厳」はどのような意味内容を指す語として用いられていたのだろうか。そのことを、やや安直であるが両国を代表する辞書、『漢語大詞典』と『日本国語大辞典』によって検証してみたい。

中国古典における「尊厳」の用例として常に引かれるのは、次の『荀子』致士篇の文章である。なお、楊注とは楊倞という人の『荀子』注解のこと。

> 師術有四、而博習不與焉。尊厳而憚、可以為師。耆艾（楊注：五十日艾、六十日耆）而信、可以為師。誦説（楊注：誦謂誦経、説言解説）而不陵不犯、可以為師。知微而論（楊注：知精微之理、而能講論）、可以為師。

人の師となるすべは四つあるが、物知りだということは関係ない。尊厳でいかめしければ、師となれる。長老（楊注：五十歳を艾といい、六十歳を耆という）で誠実であれば、師となれる。古典に通暁し（楊注：誦とは古典を音読すること、説とは解説すること）その権威を重んじれば、師となれる。奥義をきわめて講じるならば（楊注：精密で奥深い道理を理解して講義できること）、師となれる。

「尊厳而憚」を「尊厳のまなざしで仰がれる」とする類の現代日本語訳を見かけるが、「まなざし」と補うのは、『荀子』が撰述された紀元前三世紀の語法に沿ったものではない。この四句は「師術有四」とあるように並列構造だから、構文も同じと見るべきだろう。あとの三句はいずれも師となりうる人材の資質を言い、主語はその本人である。すなわち、五十歳すぎの人（当時としては高齢者）であったり、古典に造詣が深かったり、哲学的な思索に優れていたりするのは、師とされる本人である。したがって、「尊厳而憚」も、主語は師となりうる人自身と解すべきだろう。「尊厳のまなざしで仰がれる」と受動的に解する必要はない。本人が「尊厳かつ憚」なのである。「憚」は「いかめしい」の意。「はばかる」という意味もたしかに古くからあるが、これは他動詞として「いかめしい」人に対する態度を指し、この類の構文でその意味を表す場合には「憚之」というように、当該用言が他動詞であることを明示するためにうしろに「之」を付す形にすることが多い。

したがって、この「尊厳」も、その本人を「尊厳ある存在として扱う」という他者からの視線（まなざし）ではなく、本人の属性としての「尊厳」なのである。同類の語「威厳」が現代日本語でそう使われるように、「あの人には尊厳がある」のである。では、『荀子』がここで用いている「尊厳」とは、どのようなものなのだろうか。

「尊厳而憚」と重層的に表現しているので、尊厳は憚と（類義語である可能性はあるものの）同義ではなかろう。下三句がそうであるように、ここは「Aであって、かつB」という二重の条件を設定しているのである。「尊厳であって、かつ憚」というわけだ。厳にも「いかめしい」という和訓が与えられるが、憚のいかめしさとは何か微妙な相違がある（と荀子の名をかたる致士篇の著者は思っていた）はずだ。

日本語化した尊厳の意味に惑わされることを避けて、中国の辞書を参照してみよう。『漢語大詞典』（一二八七頁）には尊厳の語義として「荘重粛穆、尊貴威厳」を掲げ、『荀子』のほか、『春秋繁露』（紀元前一世紀頃の書物で董仲舒の撰述に擬せられる）、十一世紀の司馬光が自著『孝経指解』を皇帝に奉る際に付した文章、そして二十世紀の小説家丁玲の作品を挙げている。この辞書では意味として区別している次の「崇高荘厳」には十一世紀と十八世紀の詩人の詩を例に挙げるものの、両者の用例にさしたる相違があるようには感じられない。こちら「崇高荘厳」のほうには、上にあった「尊貴」が当てはまらないとは言えそうなので、その点での区別だろうか。そして、三番目の語義として「尊貴的地位或身分」を掲げ、二十世紀の小説家老舎の代表作『四世同堂』をまずは挙げるのであるが、おもしろいことに、その用例は、日本の軍人が不愉快な経験をして「帝国的尊厳（帝国の尊厳）」を損ねられたと感じたというものである。つまり、威丈高な振る舞いをする侵略者たちの感性をやや揶揄的に表現しているのだ。

つづけて、この三番目の語義のなかで「亦指不容侵犯的地位或身分（侵してはならない地位や身分のことも指す）」として、中華人民共和国憲法からの用例を挙げる。したがって、これこそが現在の中国における最も正統的な用法ということになろう。ただ、それは個々人の基本的人権を「不容侵犯」と言っているのではなく、人民・政府・社会団体がみな「負有維護憲法尊厳、保証憲法実施的職責（憲法の尊厳を擁護し、憲法の実施を保証する職責を負う）」という用法である。尊厳があるのは人民個々ではなく、この憲法なのだ。

そもそも、「尊厳」という語自体は、中国思想において何か議論の対象になるような、目立った語ではなかった。用例は多いが、それが、私たちが使う意味での尊厳について、昔の人たちも注意し重視していたということを意味するわけではない。『荀子』に遡る古さやその後の用例の多さをもって「中国にも尊厳概念が古来存在した」というような議論は、思想史的に学術上の体を成していないと私は思う。

中国から漢字を学んだ日本でも、やがてこの語が使われるようになる（韓国とベトナムについては未詳）。『日本国語大辞典（精選版）』には「尊厳」の項目に、「尊くおごそかなこと、重々しくいかめしいこと。また、そのさま。」としたうえで、十五世紀の『日本書紀桃源抄』が彦《ひこ》火《ほ》々《ほ》出《で》見尊《みのみこと》の形容として用いている例を掲げる（一一六一頁）。もちろん、この抄物【7】の筆者は『荀子』以後の中国の用例をふまえているのだ。そして、十七世紀の『古活字本毛詩抄』には「天子を尊厳す」と動詞で用いる例があったことを特記する。興味深いことに、こちらも抄物である。この動詞用法は尊敬と同義だと解説されているが、「厳」はそもそも前述のようにその対象となる存在の属性であったのに対して、「敬」は中国古代の用法でもそう振る舞う側のうやまう態度を示しているので、微妙に異なる気がする。「天子を尊厳す」とは、天子のほうに「尊厳」なるさまがあるので他者（臣下たち）がそのさまを認めるかたちで天子を扱う、つまり「天子が尊厳であると思う」という意味であろう。そもそも、ここの「天子」は日本の君主のことではなく、『毛詩』すなわち『詩経』に登場する中国古代の王のことである。『日本書紀桃源抄』も、漢文史書『日本書紀』の和語による注解である。その意味では、これらはたしかに「日本語」としての用例には違いないものの、これ以前から漢文脈においては日本人が普通に使ってきたであろう「尊厳」の意味範疇からまったく外に出ていない。抄物という文体上の特性から『日本国語大辞典』に日本語の語彙として採られているにすぎない。そこで、これ以上の語義穿鑿は無用と判断する。「尊厳」は漢語であって、やまとことばではない。

以上述べたように、尊厳という語彙そのものについては、概念史的に有意義な展開は東アジアでは生じていない。ただ、では「東アジアの伝統思想に尊厳にあたる考え方が無かった」のかというと、そうではないと私は考える。以下、現在私たちが使っているような意味での尊厳に相当するであろう、思想内容のほうに話題を転じてみたい。

朱熹の『中庸』解釈における天賦

宋（九六〇〜一二七六）は、中国文明の長い歴史のなかでも大きな変化が生じた時代だった。特に思想史のうえでは、朱子学の登場が特記される。朱子学はそれまでの人間観を変える教説だった。この問題は多角的であり、朱子学の教説全体にわたって説明をしなければならないので、ここではそのなかでも特に象徴的と思われる具体例を提示することによって説明を試みたい［8］。取り上げるのは、『中庸』冒頭の一句の解釈である。

『中庸』は、もともと『礼記』の一つの篇として伝承されてきた文献で、朱子学によって独立した書物（四書の一つ）としての扱いを受けるようになった。儒教の伝承上は、子思（孔子の孫で紀元前五世紀に活躍した人物）の著作とされてきたけれども、近代の文献実証学では否定され、作者不詳とされている。もっとも、洋の東西を問わず、古い時代には個人の著作という考え方がまだ無かったから、この文献も複数の書き手が増補改訂しつつ、最終的には西暦紀元前後に今の形に成ったものと推測できる。なお、近年、出土文献にもとづいて「やはり子思もしくはその門流の著作である」とする説も提起されている［9］。

『中庸』の冒頭は次のようなものである。

天命之謂性、率性之謂道、脩道之謂教。

天が命ずるものだから性と呼び、性にしたがうことだから道と呼び、道をおさめることだから教と呼ぶ。

儒家思想が重視する四つの概念（天・性・道・教）を連結し、その関係を説いた文言である【10】。もともと中庸篇が含まれていた『礼記』の注釈として、現存最古であり、かつ五経正義にも採られる正統的権威を持っていた鄭玄《じょうげん》（一二七〜二〇〇）『礼記注』は、次のように説明する。

天命、謂天所命生人者也、是謂性命。木神則仁、金神則義、火神則礼、水神則信、土神則知。孝経説曰、性者生之質、命人所稟受度也。

「天命」とは、生まれる人に天が命じるところのことであり、「性命」のことを言っている。（五行の）木の神は仁、金の神は義、火の神は礼、水の神は信、土の神は知だ。（緯書の）孝経説には「性は生の質、命は人が稟受する度」といっている。

ここに見える五行の神は、言うまでもなく創造神・主宰神のことではなく、木・金・火・水・土の五行それぞれの（神という字を用いた熟語で言い換えれば）神髄（essence）とでもいうべきものである。仁・義・礼・信・知の五常が五行のエッセンスで、人にはそれぞれそれらが生まれつき具わっているという意味である。

孝経説というのは、緯書と総称される今は失われてしまった文献群のなかにあった、『孝経』にこと寄せた解説書ということ。『孝経』は経書として現存するわけだが、鄭玄の時代、その内容に関連して哲学的な内容を述べた書物がいくつも存在していた。鄭玄はここで単に「説」と言っているので、その正確な書名はわからない。この文言をここで鄭玄が引用しているのは、彼自身が重視している「性命」という語を定義する内容だからである。すなわち、性というのは生まれつき、命というのは人それぞれが稟受したものの度合いを意味する。「質」は質的、「度」は量的な事柄を示す語である。要するに、鄭玄のこの一句（天命之謂性）に対する解釈は、個々人の性と命のありかたであり、これは彼より前から中国思想のなかでの重要な課題であった。

鄭玄のちょうど千年後に朱熹（一一三〇～一二〇〇）が登場する。経学全般に彼の諸注解は鄭玄に代表される旧時代のもの（漢唐訓詁学）の地位に取って代わる。この場合も、彼の『中庸章句』による「天命之謂性」の解釈が、広く近世東アジアの人々の間に浸透した。

朱熹の解釈は次のようなものである。

命猶令也。性即理也。天以陰陽五行化生万物、気以成形、而理亦賦焉、猶命令也。於是人物之性、因各得其所賦之理、以為健順五常之徳、所謂性也。

「命」とは、この文脈では「令」と言うのと同じようなものである。「性」とはすなわち理のことである。天は陰陽五行によってあらゆる存在物を生育させ、気によってその形状が成り立つ。そうして、そこには理がやはり賦与されるわけで、そのありさまがあたかも命令のようだということだ。そうであるから、人や動植物の性はそれぞれ賦与された理を得ることで、天地それぞれの徳である健・順と仁義礼知信の五常の徳となる。これがここでいわれている「性」である。

鄭玄との相違点として、朱熹は『中庸』原文には見えない理・気という語を用いて説明を施している。朱子学のいわゆる理気論を活用しているのだ。そして、くだんの「賦」という字がここには二回登場している。

「命猶令也」という朱熹の文は、鄭玄のように命を偶然的・運命的な多様性の意味合いで捉えてきた古来の解釈に対して、そうではなく、命は明確な法則性にもとづくゆるぎないものであると提示する【11】。「性即理也」。朱子学と言えばこの文言というくらい著名なこの規定は、われわれ個々人に賦与された性は、そうした法則性からして理にほかならないという言明として登場しているのである。

理は、朱子学における最も重要な概念である。気のほうが鄭玄の頃からすでに頻用されていたのとは異なり、朱子学やその周辺の儒教諸流派——王安石や蘇軾の系統など。私はこれらの総称として「宋学」という語を使うことにしている——が愛用した思想史的に新出の語である。理を簡単に説明するなら、宇宙・世界がこのようにして存在していることの理由・原理ということになろう。朱熹がその学統を継承している程顥・程頤兄弟（二程）は、そうした理の根拠に中国思想で古来重視されてきた天を持ってきて、「天理」という語を用いた。この語はもともと『礼記』楽記篇に人欲の対概念として見えるもので、二程は彼らの解釈として、この対概念を人間存在の本源的ありかたを示す用語として定立したのである［12］。すなわち、人の「性」は天から賦与されたものであるから、宇宙の原理である「理」の一種ということになる（性即理）。したがって、孟子がそう述べたように「人の性は善」ということになる（性善説）。しかしながら、人には悪につながりかねない欲望もまた生まれつき具わっている。よくない人欲を取り除き、本来の正しい姿である天理に立ち返ること、それが人のあるべき姿なのだ、と。

朱熹は、これに加えて、人欲を生まれつき具有することの理由を、人間もまたそのほかの万物同様、気によって形作られているからであるとした（理気論）。気には清濁があり、いま問題にしている性についていえば、本来の正しい性（本然之性）は天理が賦与されたものなので純粋に澄んでおり、人として形を成す（成形）ときにそこに紛れ込んだ夾雑物が人欲を含み込む濁ったものとなっている（気質之性）。さきほどの『中庸章句』の文言でいえば、最初に出てくる「性即理也」の性は本然之性、あとから登場する「所謂性也」が気質之性を指すと解釈できよう。

つまり、われわれ人間は、気質之性として濁りを帯びているけれども、そのことを自覚し、しかるべき手段で矯正することで、本然之性を十全に発揮できる（気質変化説）。なお、朱熹が人間以外の動植物（「物」）にも天から理として賦与された性があると述べていることについては、後述する。

『中庸』の後段、「率性之謂道、脩道之謂教」が、朱熹の気質変化説の根拠となる。すなわち、人も動物も賦与された性にしたがう(「率」)、それが「道」である。「道」とは「まさに行くべき路」のこと。ただ、気質(「気稟」)にはそれぞれ相違があるため、聖人は人や動物がおのおの「まさに行くべき路」を歩めるように「教」を立てた。それが礼・楽・刑・政である。儒教が説くあるべき社会秩序は、このように、天理とそれが賦与されたわれわれ人間存在という関係性のなかで、「そうあるべきこと(sollen)」にとどまらず、「そのようにあること(sein)」として正当化された。

以上、長々と『中庸』冒頭の一文に対する朱熹の注解を紹介してきたのは、ここで「賦」という字が重要な役割を果たしているからである。もちろん、さきに紹介した鄭玄の注解に「稟受」という語が見えるように、『中庸』本文の「天命」は「天が与える」という意味で古来解釈されてきた。だが、朱子学においては、性を単なる「生まれつき」とはせず、孟子の性善説にもとづいて「天から与えられた善なる性」とする。現実の人間社会に悪が満ち溢れているのは、これと並んで「成形」の際に必然的に紛れ込んでくる濁った気(「人欲」)のせいである。われわれは天理を保持して人欲を取り除いていくこと(「存天理去人欲」)を、単に一つの当為的な倫理学説としてではなく、宇宙の原理・法則として必然的に要請されているのだ。性が天賦のものだからである。

かくして、前に紹介した九世紀以降の新出語彙「天賦」とここの話柄とが結びつく。朱熹の高弟陳淳《ちんじゅん》による講義内容をその弟子たち（朱熹の孫弟子たち）がまとめた『北渓字義』には、「命」の説明として次のような文が見える。

若就人品類論、則上天所賦皆一般、而人随其所値、又各有清濁厚薄之不斉。

人品の格付けということから言うならば、上天から賦与されたものはみな同じであるけれども、人それぞれにめぐりあったものに応じて、そこでそれぞれに澄むか濁るか、厚いか薄いかの相違が存在するのである。

この発言が「性」という項目ではなく「命」という項目に配列されているのは、ここで「随其所値」というのがまさに「天命」のことであり、以下、堯・舜・孔子・顔淵らの人品を評していく構成になっているからであろう。なお、『北渓字義』の最初の項目が「命」、二番目が「性」なのは、『中庸』本文に登場する順序（天命之謂性）に従ったのかもしれない。

人間と動植物が共有する性

朱子学の見解では、天賦の性（本然之性）は誰にも同じで区別が無いはずだ。

だが、これは前に紹介した『旧唐書』に見える用例とは異なる考え方である。そこでは、特定の人物に対して天賦された、常人とは異なる能力を賞賛する文脈での使用であった。もちろん、その能力が天によって賦与されたものである、すなわち生まれついてのものであるという意味合いで「天賦」だったわけだが、それは他者がいくら後天的に努力しても達成できない、当該人物の異色さを示すための語彙だった。所与の獲得気質なのであって、常人全員の努力目標ではなかったのである。「賦」が稟受として解釈される宋の梅堯臣の文章の用例でさえ、まだ賦与された資質が人によって異なることをいう文脈だった。天賦という語が登場した九世紀に、それまでとは異なる「賦」の意味が生じていたわけだが、そこではまだ人によって異なることが主張されていた点で、鄭玄の見解と同じ人間観が存続していた。

ところが、梅堯臣が没した一〇六〇年の直後、王安石・蘇軾・二程の活躍で理という用語が重視されるようになる。これにともなって、「人の性は本来みな同じ」という考え方が力を得てくる。天理を賦与された者どうし、換言すれば天理を分有する者どうし、その存在自体は平等である。人間だけではない。

雖鳥獣草木之生、僅得形気之偏、而不能有以通貫乎全体、然其知覚運動、栄悴開落、亦皆循其性而各有自然之理焉。

鳥やけもの、草や木といった生き物は、形をなすための気に偏りを得てしまっており、まったきすがたに至ることはできないけれども、それでも、その知覚や運動、元気だったりやつれたり、花が咲いたり葉が落ちたりといったことは、やはりその性にしたがっていて、それぞれおのずとそうなるべき原理を持っている。

これは朱熹の『中庸或問』に見える文章である。天賦の性を人間と分有する存在として、他の動植物も仲間に加えられている。人間が彼らと異なるのは、こうした仕組みを理解し、みずから本然之性を取り戻そうと努力できる点にある。逆にいえば、人間以外の動植物は気質之性の偏りが甚だしいために、そこまでの知恵を持っていない。いわば弱者である。そこで、聖人は彼らにもしかるべき生を遂げることができるような仕組みを用意してやった。朱熹は、周公の著に擬せられる『周礼』（周王朝の官制を記した法典）に山野を掌る官が設けられ、野生の動植物がそれぞれのあるべき生を遂げられるようにしてやっていることを、『中庸』にいう「教」に含まれると語っている〔13〕。

『周礼』に述べられているのは、人間社会にとって好都合な自然環境のことだから、朱熹が楽天的に述べるようにそれが彼ら自身にとってよいことかどうか、今日的な環境倫理から見れば疑問である。しかし、そもそも、人間に対しても、仁義礼知信という道徳教条を本来的なものとして強要する「教」が儒教（およびその一流派である朱子学）そのものなのだから、ここで朱熹が特別に動植物を差別しているわけではない。むしろ彼としては、動植物に対しても慈愛を注ぐ制度設計を行った周公を、天理に沿った正しい行為をした前例として顕彰しているわけである。

朱子学において、人間のみならず動植物にも共通の天賦の性（理）が具わっていると説いていたことは、それらあらゆる生命に保障すべき存在価値があること、そしてこの点では人間と質的な区別はできないということ、すなわち現在の私たちが言う「尊厳」があることの言明であった。

朴世堂『思弁録』の朱熹批判

最後に、中国に限定することなく朝鮮朱子学における『中庸』解釈についても例を挙げておく。『中庸』の解釈とはいっても、厳密には朱熹『中庸章句』についてのさらなる解説である。取り上げるのは、朴世堂（一六二九〜一七〇三）『思弁録』の中庸の箇所である。朴は『中庸』冒頭の一句に次のような注解を施す。

命者授与之之謂也。性者心明所受之天理、与生倶者也。

命とはものを授与することをいう。性とは心の明らかな状態が受けた天理のことで、生命活動と一緒にあるものをいう。

天理という語を使って性を説明していることからも見て取れるように、朴も朱子学的人間観のなかにある。しかし、その言い回しは朱熹『中庸章句』と微妙に異なっている。そのことを、彼自身この後段で以下のように解説する。

註謂命為令、今謂為授与何也。令之義不明故也。如授之爵、亦謂命之爵也。註謂性為理、今不同何也。理明乎心為性、在天曰理、在人曰性、名不可乱故也。

（朱熹の）注では「命は令だ」としていたのに、いま（私が）授与のことだとするのはなぜか。令という字の意味が明瞭でないからである。授与する爵位もやはり命ずる爵位のことをいう（だから、授与という解釈でよいのだ）。（朱熹の）注では「性は理だ」としていたのに、いまそれと同じでないのはなぜか。理の心に明らかなものを性とするのであって、天にあれば理といい、人にあれば性といい、その名称を混乱させてはならないからだ。

前半では朱熹が用いた令の字を退けて授与を用いるほうが適切だと言っている。そして、後半では、理と性には概念上の区別（在天か在人か）があるので、朱熹のような言い方は不適切だとする。彼がわざわざこのように指摘することについては、朱熹没後五百年間の中国・韓国における朱子学の展開（＝性即理説をめぐる言説史）を繙くことではじめて理解できる史的な背景があるのだが、ここでは省略する。単に、朴が性即理という立場をとらず、天理と人性を概念上区別することの必要性を説いていることに着目しておきたい。

朱熹においては天理の人における内在化であった性が、天という外部存在の理と同じ性質の、しかしそれとは別物としてわれわれ人間に授与されていると理解すべきだと、朴は主張している。外部からの賦与物であるという点が強調されているのだ。

つづけて、朴は朱熹が「人物」という語を用いることで、人間と動植物を並称したことを批判する。『中庸』本文の後段では「人」とだけ言っており、「人物」という表現は見えない。そもそも、『中庸』の趣旨でもある「教」は、人間にしか理解できない。よって、ここの経文の叙述は人間に限定して捉えるべきだというのである。

朴世堂は、朝鮮時代後期における朱子学批判者の一人に数えられている。もっとも、その思惟は朱子学の枠内にとどまっており、朱熹本人の学説を批判することはあっても、それは朱子学の立場を否定するためではなく、修正してより堅固なものにするためだったと見るべきだとする指摘もなされている[14]。

たしかに、朴世堂の解釈は、朱子学が前提とする人間観の枠組みの外に出たものではない。人は誰しも天から賦与された善なる性を具え有しているのだが、気質に覆われてそれを十全に発揮できずにいるので、聖人の教によって道を修めることでその本来性を回復すべきである。彼は朱子学のこの教説を前提にしている。そしてこの本来性への信頼が、性善説を正しい教説とみなしてきた朱子学的・陽明学的な人間観の特徴であった[15]。

余滴——伝統思想の活かし方

かくして、朱子学が広まった近世東アジアにおいては、人は誰でも天賦の性を具えているという見解が浸透した。その稟受については気質の相違に応じて差異があるものの、本来性の次元において天理としての性を持つことでは同格である。

ここで誤解のないように付言しておけば、私はこのことをもって、「東アジアの伝統思想において、すでに西洋近代思想における尊厳と同じことが思念されていた」と主張したいわけではない。その具体的内容は異質であり、「人は生まれつき自由な存在である」という発想は（少なくとも朱子学には）無い。

ただ、「われわれの本然之性は誰でもみな同じく天賦のものとして同質である」という考え方は、西洋近代思想に触れたとき、それを「天賦人権」という語によって理解する基盤となったことをあらためて問題提起したいのである。こうしたことはすでに日本思想史研究においてもさまざまな形で論じられており、私の創見ではない。本論文にもし意義があるとすれば、現在も日常的な中国語では「世界人権宣言」で尊厳という語を用いない訳文が可能であり、むしろ天賦という語で人権を理解しているように見受けられるという、そのズレの指摘にある。このことを、単に「誤訳」とか「誤解」という形で処理するのではなく、現代において時空を問わず普遍的なものと評価されている尊厳概念について、儒教という他者を対置して再考するためのきっかけになればよいと考えている。
伝統思想を権威として復活させる必要は無い。ただ、先人たちの知恵を汲み取り、私たちが自明のこととみなしがちな事柄についてそれらを相対化し反省するための材料とする、そうした形での知恵の継承は重要だと思われる。

注

[1] 以下の引用は、国際連合の公式ウェブサイト、http://www.ohchr.org/EN/UDHR/Pages/SearchByLang.aspx（二〇一六年八月一〇日閲覧）による。ここには世界中の言語（国家の公用語に限らず、少数民族の言語も含む）に訳された世界人権宣言が並んでいる。一部は国連外部の組織（たとえば、チベットの場合はダライ＝ラマ政府）が担当しているが、日本語版や中国語版は国連自体による訳文。

[2] 「人間」は『荘子』内篇の篇名（「人間世」第四）にもなっているように、中国古典に頻出する語彙であるが、古く一九三四年の和辻哲郎『人間の学としての倫理学』がすでに指摘するとおり、世間・社会を意味していた。human beings の訳語として使用されることでまさに近代西洋の人間観を受容する器となったのであり、この点で中国語の「人人」とは全く異なる。ちなみに、中国語でも今は日本経由でこうした意味の「人間」が使用されている。

[3] 班固『漢書』巻六三「東方朔伝」に、客人が東方朔に語った台詞として「同胞之徒、無所容居」とある。この同胞は朋輩・同僚の意である。

[4] 尊厳と同じく、right(s) も東アジア三ケ国語すべてで「権利」と訳されている（簡体字で「权利」、ハングルで「권리」）。

[5] 中文簡体字版ウィキペディア（維基）の「尊严」（http://zh.wikipedia.org/wiki/尊严、二〇一六年八月一〇日閲覧）。和訳すると「尊厳に関する宣言と公約」という節で人権宣言の第一条と第二条を訳出している。

[6] 『漢語大詞典』では、この「稟受」の意味について「特指生成的資質（特に生まれついての性質をさす）」と説明する（三六四四頁）。

[7] 抄物とは、おもに室町時代に寺院や家塾で古典籍について教授された内容を書き記した書物の総称で、実録か虚構かはさておき、

講義録の体裁を採って「〜〜ヂヤ」や「〜〜ノ心ゾ」で文末を止めるような口語体を用いている。換言すれば、抄物自体は漢文でなく和文で書かれているため、『日本語大辞典』のような和語の辞書に用語・用例として採録されることになる。

【8】朱子学の教説内容については、拙著『朱子学と陽明学』（ちくま学芸文庫版、二〇一三年）や垣内景子『朱子学入門』（ミネルヴァ書房、二〇一五年）などを参照されたい。

【9】貴顕の墓から出土するこれらの文献は、その墓の年代比定如何により製作年代（の下限）の想定が異なってくる。先秦時代の思想史の展開を研究者がどのように捉えるか——より精確に言えば、どのように捉えたいとその研究者が考えているか——次第で、この想定も左右される。伝世文献（『中庸』のように伝存してきた史料）と出土文献に思想的・文言上の類似内容が見られることをもって、『史記』で説かれている子思・孟子の学問系譜の実在が証明されたとみなし、「思孟学派」と呼ぶ学説がある。出土文献による最新の知見を活用して一般向けに先秦時代の思想史を解説したものとして、湯浅邦弘『諸子百家——儒家・墨家・道家・法家・兵家』（中公新書、二〇〇九年）がある。

【10】中国学や仏教学（あるいは聖書学）を修めた者にとっては自明のことかと思われるけれども、本書読者のために失礼ながら誤解の無いように一言しておく。『中庸』冒頭のこの一句は、読者に向けて儒家教説の解説として発せられており、天・性・道・教といった諸概念は、語彙としては読者にも既知のものであることを前提にして書かれている。つまり、この一文は、読者が名辞を知ってはいるがその概念内容をまだ熟知していないこの四つの語（特に後半の三つ）について、その相互関連性を説いて体系的に理解することを意図して書かれている。逆に言えば、『中庸』の著者が「天が命じたもののことを、性と呼ぶことにする」と定義しているのではない。先行する文献（『周易』や『尚書』としてやがて経典化していくもの）に登場するこれらの語彙に対する解説を通して、以下、『中庸』の著者の人間観が説かれていく。

【11】この変化は朱熹によって突如生じたわけではない。彼に先立つこと百年前の十一世紀なかばに活躍した学者たちによって創唱された見解である。拙著『宋学の形成と展開』（創文社、一九九九年）や土田健次郎『道学の形成』（創文社、二〇〇二年）を参照されたい。

【12】楽記篇に「人生而静、天之性也。感於物而動、性之欲也。物至知知、然後好悪形焉。好悪無節於内、知誘於外、不能反躬、天理滅矣（人が生まれつきとしては静なる状態なのは、天からそのようになっている性である。外物に感じて動くのは、性に欲望が含まれているからである。外物に対する情報が整うことで、好き嫌いがかたちをとる。好き嫌いには自身の問題として節度が無く、外からは情報が誘惑することによって自省ができなくなると、天理が滅びる）」とある。二程や朱熹はこれらの経文を根拠にして、天理と人欲の二項対立図式を編み出した。

【13】『朱子語類』巻六二―六条に事例を挙げた上で、「各有箇品節、使万物各得其所、亦所謂教也（それぞれに等級と節度があることで、あ

らゆる生き物にそれぞれ自分の場所を得られるようにしてやることも、やはりいわゆる「教」なのだ）」と結ばれている朱熹の発言を記録する。この巻六二は『中庸』の総論および第一章に関する問答を集めた巻で、この条は朱熹が『中庸』の解釈――『朱子語類』原文では「集解」という『論語』・『孟子』の朱熹の注解名称で表現しているが、明らかに『中庸章句』を指す――で「天命之謂性、率性之謂道」は人間・動植物に共通だとしているが、第三句の「脩道之謂教」は（教化のことを言っているのだから）人間限定なのではないかという弟子の質問に対する、朱熹の答えである。この問題は、後述する朴世堂の議論にも通じる。

[14] 姜智恩『朝鮮儒学史の再定位――十七世紀東アジアから考える』（東京大学出版会、二〇一七年）。人物性異同論の展開については裴宗鎬『朝鮮儒学史』（川原秀城監訳、知泉書館、二〇〇七年）の第六章「湖洛論争」が概観している。

[15] この枠組みの外部に抜け出したのが日本の徂徠学である。そもそも、荻生徂徠は『中庸』自体に経書としての権威や無謬性を認めていない。市來津由彦・中村春作・田尻祐一郎・前田勉共編『江戸儒学の中庸注釈』（汲古書院、二〇一二年）を参照。また、この点とも関わる徂徠学における社会論については高山大毅『近世日本の「礼楽」と「修辞」――荻生徂徠以後の「接人」の制度構想』（東京大学出版会、二〇一六年）を参照されたい。

正気歌の思想——文天祥と藤田東湖

はじめに

東アジア伝統思想における身／心問題で重要な役割を果たしていたのが、気という概念であった。現代日本語でも身体・精神両面のさまざまな状態を形容するに際して慣用表現的に頻用される。ただ、「気」字には漢音で「き」、呉音で「け」という音読みがあるだけで、一般には訓読みされない。つまり、この概念がやまとことばの古層には存在せず、気という文字とともに大陸から伝来したことを窺わせる。

中国ではすでに先秦時代からこの概念を用いた哲学的言辞が発達していた【1】。『孟子』においては「浩然之気」という表現で、自分の体内にある気を養って天地に充塞させることを提唱している【2】。この修養論は儒教のなかで連綿と受け継がれ、特に宋学において『孟子』が経書として特権化されると、儒教知識人が共有する常識となった。自分の生命活動は気を通して天地とつながっており、それが個体の死を超えて続いていくとする存在論が、彼らの死生観の根底にあった。

ここでは、その例として「正気の歌」と題する二篇の詩を取り上げる。もともと宋末の文天祥によって書かれたこの題の詩は、後世の人士の共感を呼び、特に幕末明治期の日本で多くの模倣作を生み出した。その中でも最も有名な藤田東湖の「和文天祥正気歌」を文天祥のものと比較対照し、幕末思想へのその影響と、彼我の相違点を指摘してみたい。

朱子学の理気論・心性論

朱子学ではこの世界を理と気の両面から説明する。いわゆる理気論である。単純化していえば、万物の構成要素が気で、万物をそうあるようにあらしめている原理・道理が理である。したがって、われわれ人間も気でできており、人間としての理を具えている。人間本性を性と呼ぶから、「性即理」ということになる。

ただし、朱子学概説のたぐいでよく見かけるこのような記述は、朱子学を信奉していた人たちの思惟に寄り添うものではない。なぜなら、まずもって朱子学信奉者にとっては世界（彼らの用語では天地）に存在するあらゆるもの（万物）が気でできていることは自明であって、そう述べる必要性すら感じさせない前提だった。気の思想は中国で古代以来一貫して思想の流派を問わず共有されており、この点に朱子学の独自性があるわけではない。朱子学理論の独自性は、こうした気の思想を理という概念で補強・説明しようと意図したところにある。その場合に、それを朱子学者（朱熹に代表される宋代の儒者）の創案としてではなく、経書のなかですでに聖賢が示している教義だと捉えるのが、朱子学信奉者の思惟であった。自分たちこそが経書の文言を正しく解釈しているという立場である。すなわち、朱子学は経学としてその学説を唱えていた。前記「性即理」も経学上の句であり、『中庸』冒頭の「天命之謂性」における性字に付せられた朱熹『中庸章句』の解釈であった。元は程頤の説である。朱子学はこのように聖賢の意図を再発見したという形式で理気論の普遍性を説いた。

朱熹にとって、理気論はそれ自体が哲学的思索の最終目的なのではなく、心性論を裏付けるための枠組みとしての意義を具えていた。心・性の概念規定および両者の関係については、古く漢代の経学でも論じられている。その後、仏教が伝来し、漢訳仏典成立によってこの両概念が仏教用語としても使われるようになると、仏教のなかでも教義解釈上の問題として意識されていた。道教でも、先行する儒教経学や仏教教義学の影響を受けつつ、心・性やその周辺概念についての考察が深められていく。特に、禅仏教の成立と展開のなかでその「識心見性」が中国思想界全体の主要課題として浮上する。程頤たちはこれに親近感を示しつつも、自分たち儒教をこれと厳密に区別する立場をとっていた［3］。

朱熹の所説はすべて、彼自身の主観としては、古聖賢の思想を祖述する内容であった。仏教やその影響を受けた儒教諸流、なかんずく彼自身がその系譜に属している程頤の学統において先学たちが説いてきた心・性の概念規定に対して、朱熹はそれらと異なる見解を説いた。ただし、その営為は、朱熹自身の新説をそれら諸説に対峙させるものではなく、あくまでも聖賢の正しい教義によってそれらの誤謬を正すという形式を採った。朱熹は正しい教義を把握したとする特権的立場によって、過去の謬説を弾劾したのである。そのために有効だったのが、ほかならぬ理気論であった。経学上構築された理気論によって、朱熹の心性論は正当化された。心性論とは人間本性論の謂いであるから、朱子学の人間学（anthropology）は理気論にもとづいて組み立てられることになった。

心性論は死の問題にも接続していた。人は死後どうなるのかという問いに対して、儒教は伝統的に明確な回答を示さずにきた。と言うより、そうした設問を回避してきたのである。『論語』に見える「未だ生を知らず、いずくんぞ死を知らん」などを根拠に、この死後について問うことを忌避すべきものと思念していたのである。ただし、儒教の経書には祖先祭祀に関する記述が数多く存在し、儀礼の次第が事細かく規定されている。経書の用語をもって鬼神論と呼ばれる領域は、経学のなかに厳然と存在していた。経書の文言として登場する鬼・神・魂などといった語を、概念としてどのように整理すべきかが歴代の儒者に課せられていた。朱熹はこれを理気論・心性論の枠を使って説明することを試みる。

張載の語とされる「鬼神は二気の良能」を掲げて、朱熹は死を気によって説明した。すなわち、生命活動の終了を「気が散じる」と表現したのである。ただし、子孫による祭祀がなされると、祖先の気は子孫の気に感応してその祭場にふたたび集まってくる。経書に見える格（これを朱熹は「至」と解する）という語を用いて、気の集散から感格の様相が説明される。経書に規定された祖先祭祀の意義をそのように解することで、聖人が定めた礼という規則の有効性を理論的に解説した。もちろん、その言説は一部で破綻している。そのため、朱子学の鬼神論は学派内部からの懐疑や学派外部からの批判にさらされることになるのだが、朱子学信奉者たちは、先人たちや自分自身の生命活動が気の集散にほかならず、したがって、理気論が語る世界・宇宙と接続しているとみなしていた。

生命活動が身体的に停止する、すなわち死を迎えることは、その個体を構成していた気が散じることであった。しかし、祖先祭祀における感格のように、死は気の非可逆的な散逸を意味するわけではない。とりわけ、生命活動が身体的に枯渇して死を迎えた場合とは異なるいわゆる非業の死においては、気が完全には散じていない状態にあると思念された。朱熹はいくつかの超常現象をこの論理で説明しようと試みている。身体がすでに朽ち、それを構成していた気が散じていても、その人物の気は残っている。

「正気歌」は、朱子学のこの論理にもとづいて構想された文学作品である。

文天祥「正気歌」

文天祥（一二三六〜一二八二）【4】、字は宋瑞、一字は履善、文山と号す。江西吉州の人である。宝祐四年（一二五六）の進士、しかも殿試首席合格者（状元）であった【5】。やがて対蒙古戦争が始まると、遷都疎開論を上奏した人物を批判して抗戦論を主張した。権臣賈似道を風刺したことが原因で左遷され、状元として約束されていた昇進コースから外れる。

徳祐元年（一二七五）、元軍の侵攻が激化するや郷里吉州で義勇軍を組織、臨安（杭州）防衛に向かおうとする。ある友人が諫めて言うには、「蒙古は猛虎の勢いであるから、烏合の衆を集めても勝ち目は無い」と。文天祥は答えて、「われらが宋朝の一大事に誰も馳せ参じないのが嘆かわしい。そこで自分が国家に殉じることで忠義の士の決起を促すのである」と。こうしてその年八月に臨安に至り、平江府（蘇州）の知事に任ぜられて元と対峙する前線に立った。しかし、元軍が常州を陥落させたことから臨安に呼び戻され、知臨安府事となる。

翌二年（一二七六）、右丞相兼枢密使に進み、元との講和交渉を担当する。強硬姿勢を見せたため危うく捕えられそうになるも脱出、その間に南宋朝廷は元に降伏し臨安を開城する。文天祥は福建南部や江西南部など各地を転戦し、降伏を肯んぜない勢力による宋の流浪政府の一員として行動していたが、捕えられて大都（北京）に護送された。世宗クビライはその才を惜しんで懐柔を試みたが、文天祥はこれを断固として拒絶、従容として処刑されたと伝えられる【6】。

「正気歌」は彼が獄中にあった時の作である。自序に言う。自分は暗く湿った土牢の中で、水気・土気・日気・火気・米気・人気・穢気という七種類の悪気に侵されつづけている。しかし、孟子が言う「浩然の気」さえ保持していれば、この一気だけで七つの悪気に対抗できる。浩然の気は正気だからだ、と。そして、詩は以下のように始まる。

天地有正気　雑然賦流形
下則為河岳　上則為日星
於人曰浩然　沛乎塞蒼冥
皇路当清夷　含和吐明庭
時窮節乃見　一一垂丹青

天地に正気有り　雑然として流形に賦す
下は則ち河岳と為り　上は則ち日星と為る
人に於いては浩然と曰い　沛乎《はいこ》として蒼冥に塞つ
皇路 清夷に当たれば　和を含んで明庭に吐く
時 窮すれば節乃ち見《あらは》れ　一一丹青に垂る

この世界には「正気」があって万物に賦与されている。山川や星々も気でできており、人間には孟子が言う「浩然の気」として具わっている。天下太平の折には朝廷にとどまり、いったん緩急あれば「節」として事績に現れ、それらの事例は史書に記録され、人々に記憶される。詩は、以下、歴代偉人たちの故事を列挙し、さらに次の句が続く。

是気所磅礴　凜烈万古存

是れ気の磅礴《ほうはく》する所　凜烈として万古に存す［7］

当其貫日月　生死安足論
其の日月を貫くに当たりては　生死 安くんぞ論ずるに足らん

地維頼以立　天柱頼以尊
地維 頼《よ》りて以って立ち　天柱 頼りて以って尊し

三綱実係命　道義為之根
三綱 実に命に係り　道義 之が根と為る

この気、すなわち正気は、万古を貫く持続性を持っている。また、天柱・地維すなわち宇宙をそうあらしめているものでもある。時間的・空間的な存立根拠として、それはある。君臣・父子・夫婦の三綱を支え、道義の根幹として機能する。まさに朱子学の理気論を詩句で表現した内容である。

ここまでが詩の前半であり、後半では一転、文天祥自身の境遇を詠ずる。すなわち蒙古の虜囚として獄中に居住して二年を経過しているさまと、そうしたなかでも正気が自分に具わっていることを再確認して安心立命の境地を得、読書によって古道に触れる日常が描かれる。五言六十句、しめて三百字。古来の忠義の臣たちの系譜に自分を位置づけ、正気を保つことでこの逆境に立ち向かう決意を表明した詩である。

藤田東湖「和文天祥正気歌」

藤田東湖（一八〇六〜一八五五）、諱は彪、字は斌卿。父藤田幽谷は水戸藩の士分に取り立てられて彰考館に出仕し、後期水戸学を担った人物である。東湖は少年期に江戸に遊学、十八歳の時の大津浜事件（イギリス船漂着事件）に際しては父にも励まされてイギリス人を殺傷すべく現地に赴いている。文政十二年（一八二九）に徳川斉昭が襲封するとその側近として改革に邁進し、検地や軍備増強のほか、藩校弘道館の設置にも携わった。斉昭の名で発表された「弘道館記」の注解という体裁で『弘道館記述義』を著す。その後、斉昭の隠居謹慎に伴って蟄居を命じられるが、嘉永六年（一八五三）の黒船来航で斉昭が幕政に参与するとふたたび側近として活躍する。しかし、安政二年（一八五五）十月二日に江戸を襲った大地震に際して、母の命を助けるために崩れた梁の下敷きとなり圧死する［8］。

東湖は父の跡を継いで後期水戸学を担った。「弘道館記」は実際には彼の文章だが、その中で徳川家康の業績を称える文脈で「尊王攘夷」という語を用い［9］、『弘道館記述義』ではこれに詳細な説明を加えている。大津浜事件の逸話に見られるように父譲りの攘夷論者であり、斉昭が黒船来航後の幕府内において攘夷強硬派として活躍したのも東湖の影響であった部分が大きい。

東湖の「和文天祥正気歌」は弘化二年（一八四五）、蟄居中に書かれた［10］。

天地正大気　粋然鍾神州
秀為不二岳　巍巍聳千秋
注為大瀛水　洋洋環八洲

天地正大の気　粋然として神州に鍾《あつ》まる
秀でては不二岳と為り　巍巍として千秋に聳《そび》ゆ
注ぎては大瀛《たいえい》水と為り　洋洋として八洲を環《めぐ》る

発為万朶桜　衆芳難与儔　　発《ひら》きては万朶の桜と為り　衆芳　儔《とも》を与え難し
凝為百錬鉄　鋭利可割鍪　　凝りては百錬の鉄と為り　鋭利　鍪《かぶと》を割くべし

初句・第二句は文天祥の表現を意識しながらも、正気は「神州」すなわち日本に集まっていると述べる。以下、富士山・海洋・桜花・日本刀を神州に正気が集まっているがゆえの存在として順に挙げていく。以下、天皇を君主として戴く国柄が語られ、物部守屋の排仏論から始まって、日本史上に燦然と輝く忠臣たちによる尊王攘夷の事績が列挙される。東湖は「弘道館記」にも見られたように尊王敬幕の立場であったから、江戸開府以来の天下太平を寿ぐ。

承平二百歳　斯気常獲伸　　承平二百歳　斯の気　常に伸ぶるを獲
然当其鬱屈　生四十七人　　然れども其の鬱屈するに当たりては　四十七人を生ず
乃知人雖亡　英霊未嘗泯　　乃ち知る　人亡ぶと雖も　英霊未だ嘗て泯《ほろ》びず
長在天地間　凜然叙彜倫　　長《とこし》へに天地の間に在り　凜然として彜倫《いりん》を叙す
孰能扶持之　卓立東海浜　　孰《いずれ》か能く之を扶持せる　卓として東海の浜に立つ
忠誠尊皇室　孝敬事天神　　忠誠　皇室を尊び　孝敬もて天神に事ふ
修文兼奮武　誓欲清胡塵　　文を修め兼《あは》せて武を奮ふ　誓ひて胡塵を清めんと欲す

開府以降、正気は常に発揮されていて鬱屈がほとんど無かった。しかし、一旦そうした事態が生ずれば赤穂事件のようなことが起こる。これらのことからわかるのは、「人亡ぶと雖も　英霊未だ嘗て泯びず」ということである。この英霊の気は天地の間にあって彝倫（道徳秩序）をしからしめる役割を担っており、その庇護者として東海の海浜に水戸藩主がおる。水戸藩は尊王精神を発揮して天の神々を祀っており、また文武両道を修めて外国の侵略を追払う意識を持っている。

このあと、東湖自身の主君斉昭への忠誠心を詠い、詩末を次の四句で結んでいる。

生当雪君冤　復見張四維　　生きては当に君冤を雪ぎて　復《ふた》び四維を張るを見るべく

死為忠義鬼　極天護皇基　　死しては忠義の鬼と為りて　極天　皇基を護らん

この詩が書かれた当時は失意のうちにあった主君斉昭の汚名を晴らしてふたたび政務に復帰させることを期し、死後は皇室を護持する「鬼」となることが志されている。古来、鬼《き》は帰《き》に通ずるとされ、朱子学が陰陽二気の集散で生命活動を捉える際にも死後の説明に使用されていた。「死しては忠義の鬼と為る」こと、それは過去の「英霊」たちと同じ道を歩むことだった。東湖は母への孝道を実践して非業の最期を遂げるが、その精神は後輩たちに受け継がれ、幕末期の水戸藩士たちの過激な政治行動として表出した。井伊直弼暗殺犯や天狗党の立場で死んだ水戸藩士たちは、明治維新が成就すると「英霊」として東京九段の地に祀られることになる。

英霊称賛の思想

藤田東湖は文天祥の生涯に共鳴し、自身似たような境遇にあった時にその詩に和した。二人の間には六百年の時の隔たりがあり、また文天祥にとって日本は夷狄の一つとして眼中に無かっただろうが、東湖は日本にこそ正気が集まるとした。朱子学の理気論・心性論を共有しつつも、両者にはそれぞれ異なる背景事情が存在した。ここで考えてみたいのは、彼らに見られる生命観が持つ意味である。それは他者が懐いた過去の思想として語られるだけでなく、私たち自身の問題として受け止めるべきであろう。

東湖の詩は文天祥を模倣して書かれているのだから当然ではあるが、二つの詩は同じ構成を採る。すなわち、冒頭で理気論による世界像を展開し、人間もその一部であることが示される。そして、正気がはたらいた事例として古今の人物の事績が語られ、自分をその系譜に位置づける。終盤では自分の置かれている不遇な状況を描写し、しかしなお正気をはたらかすことであるべき生を遂げる決意が表明される。人生は倫理的価値を実現するため、すなわち天地の道理に遵うことのためにあった。正気は個々人の生命を超えてつながっており、それゆえ尊重されねばならない。

私たちは何のために生きるのか。この古今東西つねに問われてきた倫理的設問に対して、「正気歌」は明解な回答を与えている。生命それ自体よりも高次の価値として尊王攘夷という理念があり、しかもそれは人為的な約束事ではなく天地自然の道理だとする見解である。私たちの生命は天地から（父母を通して）賦与されたのだから、道理のためにはみずから進んで提供しなければならない。これが彼らの実践倫理であり、そのようにして生命を捧げた場合、「英霊」として天地の正気に融け込むことができると思念された。作者の文天祥や藤田東湖がこうした生を実践したこともあって、この生き方が規範として後輩から敬仰され、多くの「英霊」を生み出すことになった。

しかしながら、彼らの思考には別の多様な生き方を認める寛容性は薄い。他者の立場を理性的に理解して相違を認めあいながら共存していこうという思惟は欠如している。正気の内容について批判的に吟味するゆとりを持たず、先鋭的・戦闘的である。文天祥も藤田東湖も詩の最後で死への達観を示して静謐な境地を述べているが、それが自己満足かもしれないという反省への回路は閉ざされている。正気は自分の側にあるという思い込みを相対化する視点を、彼らは持たない。

東湖が用いた語「英霊」は、やがて靖国神社の教義に取り込まれ、そこの祭神を指して使われるに至る。

おわりに

以上、本稿では宋末の文天祥と幕末の藤田東湖ふたりの「正気歌」を紹介し、朱子学的心身観について考察した。文天祥が宋の臣下として二君にまみえること、まして夷狄の君主に仕えることを拒絶し、予想される刑死を従容として迎えることができたのは、気の生命観による天地との一体性を感じ取れていたからであった。また、東湖の詩には、人の生命活動を気という概念で捉え、忠義によって非業の死を遂げざるをえなかった人物の場合、死後もその気が「英霊」として残るという考え方が見られた。

文天祥は華夷思想の持ち主ではあったが、気は天地に遍在するものと捉えていた。ところが、東湖はこの文天祥の見解を意識しつつ、正気は神国日本に集まるという自国中心主義を表明している。ふたりとも朱子学の倫理思想のなかにいたため、三綱五常や尊王攘夷が天地に通貫する普遍的真理であるという立場にあった。ただ、文天祥が宋の滅亡という悲劇を体験し、にもかかわらず正気が後世に遺ることを信じて（もしくは信じているふりをして）死への途を選んでいるのに対して、東湖は迫り来る西洋列強の脅威を肌に感じながらも神州日本の優れた風土と民族性がそれを撃退するだろうという希望を叙している。彼らにとって、人生とは天地の正気が具えるこうした倫理性を実現させることに価値を置くものだった。それは世代を跨がり時間的に継承される持続的な生の営みによって存続・保持される。彼らはそれを期待して次代に「正気歌」を遺し、その遺志はたしかに継承されていった。
現代科学の生命観、とりわけ近年の遺伝子工学的生命観はこうした思想とは程遠いところにある。しかし、工学的に乾いた生命観が普及する一方で、あるいはそうであるからこそ、社会的には生に意味付けを与えようとする希求が切実さを増している。ただ、私の見るところ、遺憾なことに安易な出来合いの旧套な「生の意味」が掘り起こされ、平板で軽薄な言説によって輿論を動かしている。「英霊」とは藤田東湖が称えるようにはたして敬仰すべきものなのか。それを判断するのは私たち自身であろう。

注

【1】気の概念史的変遷を扱った研究として、小野沢精一・福永光司・山井湧共編『気の思想——中国における自然観と人間観の展開』（東京大学出版会、一九七八年）や張立文主編『気』（中国人民大学出版社、一九九〇年）がある。また、石田秀美『気・流れる身体』（平河出版社、一九八七年）は気の身体観を解説している。

【2】「我善養吾浩然之気。敢問、何謂浩然之気。曰難言也。其為気也、至大至剛、以直養而無害、則塞于天地之間」（『孟子』公孫丑上）。

【3】『二程遺書』に「明道先生語」として、「孟子曰、尽其心者、知其性也。彼所謂識心見性是也。若存心養性一段、事則無矣。彼固曰出家独善、便於道体自不足」とあり、禅仏教のいう識心見性は、孟子が二段構成で説いている教説の前段にしか届いていないと批判している。

【4】彼が刑死したのは元の世宗の年号で至元十九年十二月八日、ユリウス暦では一二八三年一月になっている。そのため、近年は歿年を一二八三年と標記するものが多い。なお、よく知られたことながら、元では世宗のあと、順帝が同じ至元年号を制定するという、他の中華王朝には見られない珍事を起こしている。

【5】彼の名が状元として巻頭に載っていることを記念する意味もあって、宋代の科挙登科録のうち、この宝祐四年のものと、紹興十八年（一一四八）のもの（朱熹が合格している）とのみが保存・複製されて後世に伝わった。なお、現在では各種の記録を精査して『宋代登科総録』（全十四冊）が刊行されている（龔延明・祖慧共編、広西師範大学出版社、二〇一四年）。

【6】以上、『宋史』巻四一八の本伝による。文天祥の評伝としては、梅原郁『文天祥』（人物往来社、一九六六年）がある。

【7】四部叢刊本（明嘉靖刊本影印）は気を隋に作るが、正誼堂全書本等諸本は気に作り、日本で流布したのもこちらであったので、文天祥自身がどう書いていたのかの判断とは別に、気で読んでおく。

【8】藤田東湖の学術的な評伝としては、鈴木暎一『藤田東湖』（吉川弘文館、一九九七年）がある。

【9】「弘道館記」は「我東照宮、撥乱反正、尊王攘夷、允武允文、以開太平之基」と述べる。『弘道館記述義』ではその実績として、政権を握っても天皇の権威を重んじたこと、切支丹を禁圧したこと等を挙げている。

【10】文天祥「正気歌」は浅見絅斎『靖献遺言』に屈原「離騒」・諸葛亮「出師表」等と並んで収められた。こうして人口に膾炙するようになったためか、藤田東湖のほかに吉田松陰や広瀬武夫らがやはり「正気歌」を詠んでいる。本稿と同じ主題を扱った論考として杉下元明氏の「文天祥『正気歌』と十九世紀文学」（中野三敏・楠元六男共編『江戸の漢文脈文化』、竹林舎、二〇一二年）があり、参考にさせていただいた。

あとがき

本書は『儒教が支えた明治維新』（晶文社、二〇一七年）の続編である。前作同様、この数年間に発表した文章を中心に組み立てて一冊とした。初出は以下のとおりである。

「西郷隆盛と足利尊氏」　書きおろし
「西郷隆盛の敬天愛人」　書きおろし
「大河ドラマ「花燃ゆ」と吉田松陰」　『文藝春秋オピニオン　２０１５年の論点１００』二〇一五年
「吉田松陰と陽明学」『朝日新聞』二〇一五年三月十九日付
「明治から昭和へ、松蔭像の変遷」　『朝日新聞』二〇一五年三月二十九日付
「破壊王と呼ばれて」　未発表（不掲載になった投書）
「私が吉田松陰批判を通じて目指すこと」　書きおろし
「教育者、松陰の誕生」　文春学藝ライブラリー、玖村久雄『吉田松陰』解説、二〇一四年
「死を見据える」　『死生学研究』第七号、東京大学大学院人文社会系研究科、二〇〇六年

「太平記、宋学、尊王思想」　市沢哲編『太平記を読む』吉川弘文館、二〇〇八年（原題は「太平記、宋学、尊皇思想」）

「太平記と夢窓疎石」　未発表（ある依頼により執筆）

「思想史から見た宋代近世論」　渡邉義浩編『中国史の時代区分の現在』汲古書院、二〇一五年

「宋学の尊王攘夷思想とその日本への影響」　『二松学舎大学人文論叢』第九五輯、二〇一五年

「水戸学の天皇論」　未発表（英語版論文集のために執筆）

「朱子学の理気論・心性論」　『東洋学術研究』第五五巻一号、二〇一六年

「東アジア伝統思想の「尊厳」」　『思想』一一一四号、岩波書店、二〇一七年

「正気の歌の思想」　伊東貴之編『「心身」／「身心」と環境の哲学』汲古書院、二〇一六年

本書でも編集担当として世話になった足立恵美さんからの要請で、西郷隆盛についての二篇を冒頭に据えたのは、今年（二〇一八年）のＮＨＫ大河ドラマ「西郷どん」への便乗である。ただ、こうして西郷隆盛・吉田松陰に始まり、（文天祥と）藤田東湖に終わる構成が、書名の『志士から英霊へ』を思いつかせた。そこから、さるハリウッド連作映画のキーワードがひらめいて、各部の名称として勝手に借用したしだいである。

本書収録の文章を書いている時期は、私自身がダークサイドに堕ち、にんぷろ（東アジアの海域交流と日本伝統文化の形成）という研究プロジェクトで人生に汚点をつけ、家族や知人にさんざん迷惑をかけていた。自分の濁った気（impure force）、「身の私欲」にうち勝つことができなかったのだ。王陽明の名言に「山中の賊をやぶるは易《やす》く、心中の賊をやぶるは難《かた》し」とある。その後遺症はいまも続いているし、今後も消えることはないだろう。

本書後半は儒教の解説が多くなり、中国思想に縁遠い読者にはつらい思いをさせたかもしれない。しかしながら、志士・英霊たちがあのように行動した心理を理解するには、彼らが共通の教養としていた儒教についてある程度知る必要があるはずだ。それを抜きにして、「日本の夜明けをもたらした人たち」と礼賛するのは、大きなまちがいである。このことは、本書にさきだって刊行された『天皇と儒教思想』（光文社新書、二〇一八年）で縷々述べた。あわせて読んでいただければありがたい。

二〇一八年五月吉日

小島毅

著者について

小島毅（こじま・つよし）

1962年生まれ。東京大学文学部卒業。東京大学大学院人文科学研究科修士課程修了。東京大学大学院人文社会系研究科教授。専門は中国思想史。東アジアから見た日本の歴史についての著作も数多くある。著書に『儒教が支えた明治維新』（晶文社）、『増補 靖国史観——日本思想を読みなおす』『朱子学と陽明学』（ちくま学芸文庫）、『近代日本の陽明学』（講談社選書メチエ）、『父が子に語る日本史』『父が子に語る近現代史』（トランスビュー）、『「歴史」を動かす——東アジアのなかの日本史』（亜紀書房）、『儒教の歴史』（山川出版社）、『天皇と儒教思想』（光文社新書）などがあり、監修したシリーズに『東アジア海域に漕ぎだす（全6巻）』（東京大学出版会）がある。

犀の教室
Liberal Arts Lab

志士《しし》から英霊《えいれい》へ——尊王攘夷と中華思想

2018年6月30日　初版

著　者　小島毅

発行者　株式会社晶文社
東京都千代田区神田神保町 1-11 〒101-0051

電　話　03-3518-4940（代表）・4942（編集）

U R L　http://www.shobunsha.co.jp

印刷・製本　中央精版印刷株式会社

© Tsuyoshi KOJIMA 2018

ISBN978-4-7949-7036-7 Printed in Japan

JCOPY〈（社）出版者著作権管理機構 委託出版物〉
本書の無断複写は著作権法上での例外を除き禁じられています。複写される場合は、そのつど事前に、（社）出版者著作権管理機構（TEL：03-3513-6969 FAX：03-3513-6979 e-mail: info@jcopy.or.jp）の許諾を得てください。

〈検印廃止〉落丁・乱丁本はお取替えいたします。

犀の教室
Liberal Arts Lab

生きるための教養を犀の歩みで届けます。
越境する知の成果を伝える
あたらしい教養の実験室「犀の教室」

儒教が支えた明治維新　小島毅
中国哲学の専門家が東アジアの中の日本を俯瞰して論じる、新しい明治維新論。

パラレルな知性　鷲田清一
いま求められる知性の在り方とは？　臨床哲学者が3.11以降追究した思索の集大成。

子どもの人権をまもるために　木村草太　編
現場のアクティビストと憲法学者が協同して編んだ、子どもを支えるための論考集。

平成の家族と食　品田知美 編
全国調査による膨大なデータをもとに、平成の家族と食のリアルを徹底的に解明。

民主主義を直感するために　國分功一郎
哲学研究者がさまざまな政治の現場を歩き、対話し、考えた思索の軌跡。

自衛隊と憲法　木村草太
9条をはじめ、憲法改正の論点がスッキリ理解できる全国民必携のハンドブック。

現代の地政学　佐藤優
世界を動かす「見えざる力の法則」の全貌を明らかにする、地政学テキストの決定版！

日本語とジャーナリズム　武田徹
日本語が抱える構造的問題から考えるジャーナリズム論にして、日本文化論。

「文明の衝突」はなぜ起きたのか　薬師院仁志
対立を乗り越えるために知る、ヨーロッパ・中東の近現代史の真実。

「移行期的混乱」以後　平川克美
家族形態の変遷を追いながら人口減少社会のあるべき未来図を描く長編評論。

日本の覚醒のために　内田樹
日本をとりまく喫緊の課題について、情理を尽くして語った著者渾身の講演集。

データで読む 教育の論点　舞田敏彦
国内外の統計データを解析すると、日本の教育の病理が見えてくる。

これからの地域再生　飯田泰之 編
人口10万人以上の中規模都市を個性的に発展させることが日本の未来を救う。